ana Kleyn
besiegte

Joel R. Beeke & Diana Kleyn

Wie Gott die **Piraten** besiegte
und andere Andachtsgeschichten

betanien

Die Bibelzitate folgen in der Regel der Schlachter Version 2000, gelegentlich auch der Übersetzung von Hermann Menge sowie der revidierten Elberfelder Bibel.

3. Auflage 2016

Originaltitel: How God stopped the Pirates. Building on the Rock Series Vol. 2
© 2003 Reformation Heritage Books, Grand Rapids, MI
Veröffentlicht bei Christian Focus Publications Ltd., Schottland

© der deutschen Ausgabe: Betanien Verlag 2013
Postfach 1457 · 33807 Oerlinghausen
www.betanien.de · info@betanien.de
Übersetzung: Joachim Schmitsdorf
Lektorat: Silke Voß
Satz: Betanien Verlag
Cover: 18prozent.de mit einem Bild von Jeff Anderson
Illustrationen: Jeff Anderson
Gedruckt in der EU

ISBN 978-3-935558-32-7

Inhalt

Wie man dieses Buch verwendet. 7
Kürzere Erzählungen 10
Längere Erzählungen 11

Teil 1: Erlebnisse in der Mission. 13
1. Ein Hindu wird Christ. 15
2. Ein wahrer Diener 19
3. Dem Vorbild Jesu folgen 23
4. Aus der Finsternis zum Licht 28
5. Kimbu 39
6. Noch nicht daheim. 47
7. Die Augen des Häuptlings 51
8. Die Rache des Indianers 60
9. Wie Gott die Piraten besiegte. 73
10. Der Missionar und die Hyäne 77

**Teil 2: Erstaunliche
Bekehrungsgeschichten** 82
11. Das russische Dienstmädchen. 83
12. Gott segnet die Güte einer Frau 87
13. Carl, der Einbrecher. 95
14. Ins Netz gegangen! 103
15. Coveys Verlust und Gewinn 107
16. Gott verändert einen Seemann 115
17. Jack Robbins, der Seemann 122

18. Jorgans Waschbär 133
19. Gericht und Warnung 141
20. Mary, ich liebe dich immer noch! 148
21. Mary und ihr Vater 153
22. Der französische Soldat 158
23. Der Herr bewahrt die Seinen 165
24. Der alte Oberst 171
25. Der Sohn der Witwe 174
26. Tom zahlt den Preis 177

Bibelstellenverzeichnis 183
Antworten 185
Über die Verfasser, Danksagung 189
Gesamtüberblick über die Reihe 191

Wie man dieses Buch verwendet

Alle Geschichten in dieser Buchreihe basieren auf tatsächlichen Ereignissen, von denen die meisten in früheren Jahrhunderten geschehen sind. Wir haben sie aus verschiedenen Quellen entnommen und sie in kindgerechter Sprache nacherzählt. Einige dieser Geschichten wurden (auf Englisch oder Niederländisch) vor einigen Jahrzehnten schon einmal veröffentlicht, allerdings ohne die hier beigefügten Fragen und Anregungen für Andachten.

Die Geschichten in diesem Buch und in den anderen Bänden der Reihe »Auf Fels gebaut« legen allesamt den Schwerpunkt auf die biblische Botschaft der Errettung. Sie sind für mehrere Zwecke ideal geeignet.

Geschichten für Andachten

Diese Geschichten können für die persönliche Andacht eines Kindes oder bei der Familienandacht benutzt werden.

Jede Geschichte beinhaltet mindestens eine Bibelstelle oder verweist darauf. Am Ende jeder Geschichte wird eine Schriftstelle genannt, die auch im Rahmen der persönlichen oder der gemeinsamen Bibellese in der Familie verwendet werden kann. Viele Geschichten enthalten noch mehr Bezüge auf die Bibel oder weitere Verse, die man ebenfalls nachlesen kann.

Am Ende jeder Geschichte stehen Fragen, die zum Überdenken, Verinnerlichen und Anwenden des Gelesenen und Gelernten helfen. Diese Fragen kann ein Kind entweder allein für sich beantworten und die richtigen Antworten am Ende des Buches nachschlagen, oder – wofür sich die Fragen besonders gut eignen – sie können in der Familie oder Gruppe besprochen werden. Manche Fragen haben auch keine vorgegebene Antwort, sondern regen zum gemeinsamen Gespräch an.

Außerdem werden je zwei »Anregungen zum Gebet« vorgeschlagen. Sie sind nicht als vorformuliertes Gebet gedacht, sondern sollen als Hilfe für das persönliche Gebet dienen. Sie können dem Kind oder der Familie helfen, über Themen nachzudenken, die mit der Geschichte zu tun haben, und sollen ihnen verdeutlichen, wo Gebet nötig ist – sei es für sich persönlich, für andere, für die Gemeinde oder für die Welt. Der jeweils erste der zwei Gebetsvorschläge richtet sich an diejenigen, die bereits bekehrt und wirklich gläubig sind (mit ✶ markiert). Der zweite Gebetsvorschlag hingegen soll bisher noch nicht bekehrte oder bezüglich ihrer Errettung unsichere Kinder anleiten, um Vergebung, Errettung und Erlösung von der sündigen Natur zu beten und Gott für seine Gnade und das Geschenk des Heils zu danken (mit ❖ markiert).

Am Ende jeder Geschichte stehen zudem Fragen, die zur Diskussion anregen. Man kann sie auf sich persönlich beziehen oder auf eine entsprechende Bibelstelle. Die Antworten werden am Ende des Buches aufgeführt. Ebenfalls am Ende des Buches findet sich ein Bibelstellenverzeichnis. Zu jeder Kapitelnummer sind dort die Bibelstellen genannt, die in dem Kapitel vorkommen. Dies schließt die Bibelstellen innerhalb der Geschichte ein sowie die Abschnitte mit den Fragen und der Schriftlesung.

Band 5 dieser Reihe enthält ein Gesamt-Verzeichnis der Bibelstellen in Reihenfolge der Bibelbücher.

Unterricht für Kinder

Diese Anwendungsmöglichkeit ist besonders nützlich für alle, die Kinder in der Gemeinde, der Sonntagsschule, Kinderstunden usw. unterrichten. Im fünften und letzten Band dieser Reihe finden Sie ein Schriftstellenverzeichnis für die ganze Reihe in Anordnung der biblischen Bücher. Dort können Sie nachschlagen, auf welche Bibelstellen in welchen Bänden in welchem Kapitel eingegangen wird, sei es in den Erzählungen, in den Fragen oder Schriftlesungen.

Außerdem finden sich zu Beginn jedes Bandes zwei Listen mit den besonders kurzen und den besonders langen Erzählungen. Das ist hilfreich für die Zeitplanung bei Andachten oder Unterricht.

Ⓚ Kürzere Erzählungen

Die folgenden Erzählungen sind relativ kurz. Man kann sie daher für kurz bemessene Familienandachten, Kinderstunden usw. benutzen.

2. Ein wahrer Diener
3. Dem Vorbild Jesu folgen
6. Noch nicht daheim
9. Wie Gott die Piraten besiegte
20. Mary, ich liebe dich immer noch!
24. Der alte Oberst
25. Der Sohn der Witwe

L Längere Erzählungen

Die folgenden Erzählungen sind relativ lang. Man kann sie also bei solchen Familienandachten und Kinderstunden usw. benutzen, für die mehr Zeit zur Verfügung steht.

4. Aus der Finsternis zum Licht
5. Kimbu
7. Die Augen des Häuptlings
8. Die Rache des Indianers
12. Gott segnet die Güte einer Frau
15. Coveys Verlust und Gewinn
16. Gott verändert einen Seemann
17. Jack Robbins, der Seemann
19. Gericht und Warnung
22. Der französische Soldat

Die hier nicht aufgelisteten Geschichten sind von mittlerer Länge.

Teil 1
Erlebnisse in der Mission

1. Ein Hindu wird Christ

Vor vielen Jahren war Indien eine englische Kolonie – es wurde von England regiert. Der Leiter einer englischen Handelsstation in Indien (ein so genannter Kolonialbeamter) musste für längere Zeit zurück nach England reisen. Er hatte sehr viele Angestellte und auf dem Handelsposten lagerte eine Menge wertvoller Waren. Deshalb fragte er sich ernsthaft, wer wohl fähig wäre, ihn während seiner Abwesenheit zu vertreten. In der Nähe gab es weder eine Missionsstation noch einen anderen englischen Beamten, dem er diese wichtige Aufgabe hätte anvertrauen können. Was also sollte er tun? Er dachte lange darüber nach und bat den Herrn um Weisheit.

Nach langem Beten bat er einen Inder, der in der Nähe wohnte, während seiner Abwesenheit die Verantwortung zu tragen. Dieser Mann war wie die meisten Inder kein Christ, sondern ein Hindu, aber er war angesehen, ehrlich und zuverlässig, und der britische Beamte war sich sicher, dass bei ihm alles in guten Händen sein würde. Der Einheimische war einverstanden, die Aufsicht über den Handelsposten und die Arbeiter zu übernehmen. Ehe der Beamte abreiste, schenkte er dem neuen Aufseher eine Bibel. Er bat ihn dringend, sie zu lesen, denn in ihr werde er alles finden, was er brauche, um glücklich zu sein.

Dann brach der Beamte auf. Er musste zuerst nach England und anschließend nach Amerika reisen. Mehr als ein Jahr verging, bis er nach Indien zurückkehrte. Auf dem Rückweg fragte sich der Beamte, wie er wohl alles vorfinden werde, wenn er wieder an seinem Handelsposten ankam. Hatte sich der Mann, dem er die Verantwortung übertragen hatte, gut um alles gekümmert? Waren die Arbeiter gut versorgt worden und war alles gutgegangen? Oder würde er bei seiner Rückkehr viele Beschwerden und Klagen zu hören bekommen?

Er erreichte seinen Handelsposten an einem Samstagabend. Noch am Sonntagmorgen wusste niemand von seiner Rückkehr. Gleich am Morgen schaute er aus dem Fenster und freute sich darüber, wie schön alles aussah. Er war sich sicher, dass der Mann, den er beauftragt hatte, gut für alles gesorgt hatte. Dann begann er seinen Tag mit Gebet und Bibellesen.

Gegen zehn Uhr hörte der Beamte eine Glocke läuten. Dann sah er, dass sich einige der Arbeiter und auch einige Dorfbewohner in einem Schulgebäude in der Nähe seines Hauses versammelten. Nach einer Weile hörte er Gesang. Er fragte sich, was all das zu bedeuten habe und rief einen seiner Diener, um ihn zu fragen, was die Leute dort im Schulgebäude taten. Der Diener entgegnete, dass dort jetzt jeden Sonntag ein christlicher Gottesdienst stattfinde.

»War ein Missionar hier, seitdem ich fort war?«, fragte der Beamte.

»Nein, Sir«, antwortete der Diener.

»Wer hat dann diese Gemeinde gegründet?«

Die Antwort lautete: »Der ›Sahib‹ (Gebieter) hat dies getan, während Sie fort waren, Sir.«

»Und was tut man dort in der Gemeinde?«, fragte der Beamte weiter. Soviel er wusste, bekannten sich außer ihm nur ein oder zwei weitere im Dorf zum christlichen Glauben.

»Man singt und betet, und dann liest der Mann den Leuten aus der Bibel vor und spricht zu ihnen über das Heil in Jesus Christus.«

Plötzlich begriff der Beamte: Könnte das wirklich damit zusammenhängen, dass er dem neuen Aufseher eine Bibel geschenkt hatte? Das war für den britischen Beamten eine wunderbare Erkenntnis! Als er fortgegangen war, war dieser Mann noch ein Heide und seine Religion der Hinduismus gewesen. Er hatte den Glauben an Jesus gehasst und verachtet. Und jetzt war er tatsächlich ein Christ geworden? Der Beamte eilte hinüber zum Schulgebäude.

Nach dem Gottesdienst sprach er den Aufseher an. Dieser berichtete ihm, was geschehen war. Zuerst sei er neugierig gewesen, wovon die Bibel wohl handle, also habe er begonnen, sie zu lesen. Dann habe der Heilige Geist ihn erkennen lassen, dass er ein Sünder ist, aber auch, dass Jesus Christus der einzige Retter für Sünder ist. Schließlich sei er dazu gebracht worden, die Sünde zu hassen, zu Gott zu beten und Jesus Christus zu lieben. Diesem wunderbaren Retter wolle er nun dienen. Der Aufseher wurde ein Missionar für sein Volk und predigte das Evangelium von Jesus Christus überall, wohin er kam.

Frage: Was verdeutlichte der Heilige Geist dem Aufseher?
Schriftlesung: Apostelgeschichte 8,26-40
Anregungen zum Gebet:
* ✶ Danke Gott dafür, dass sein Wort mächtig ist. Bete dafür, dass die, die sich erst kürzlich bekehrt haben, Freude am Bibellesen bekommen. Bitte Gott, ihnen und dir zu helfen, es zu verstehen und ihm zu gehorchen.
* ❖ Bitte Gott, dir zu helfen, dich ihm unterzuordnen. Bitte ihn, dein Herz und deinen Verstand mit seiner Erkenntnis und der Wahrheit seines Wortes zu füllen.

2. Ein wahrer Diener

Pastor Hans Egede wollte gern den Eskimos auf Grönland Gottes Wort predigen. Dies war lange Jahre nicht möglich gewesen, aber zuletzt hatte Gott einen Weg dafür geöffnet. Im Jahr 1721 reiste Pastor Egede mit der königlich-grönländischen Handelsgesellschaft an.

Zu dieser Zeit hatten die grönländischen Eskimos noch nie vom wahren Gott oder seinem Wort gehört. Sie waren Heiden und ein sehr wildes Volk. Wenn ein Schiff im Sturm auf ihre Küste auflief, ermordeten sie oft die Überlebenden und raubten alle Güter an Bord. Ein Menschenleben galt ihnen kaum etwas.

So waren die Verhältnisse, als Pastor Egede mit seiner Familie dort an Land ging. Zuerst baute er in diesem bitterkalten Land eine kleine Hütte aus Lehm, Steinen und Brettern. Dann versuchte er die Eskimosprache zu erlernen. Er besuchte die Menschen in ihren Iglus, die durch Verbrennen von Walöl geheizt wurden. Der Gestank war für Pastor Egede fast unerträglich, aber er gab nicht auf. Er versuchte, mit den Eskimos über Gott, Sünde und das Heil in Jesus Christus zu reden, doch sie lachten ihn nur aus.

Nach einiger Zeit beschloss der dänische König, den Handelsposten aufzulösen, weil die Handelsgesellschaft mit den Einheimischen nicht zusammen-

arbeiten konnte. Man sagte Pastor Egede, er solle mit zurück nach Dänemark kommen. Zu dieser Zeit hatte er zwei Jahre in Grönland gearbeitet, aber kaum jemand hatte auf ihn gehört und nur wenige Eskimos hatten sich bekehrt. Doch genau deshalb konnte er nicht einfach von dort fortgehen. Also blieb er mit seiner Familie in der Kolonie zurück.

Viele Jahre vergingen. Dann brach eine Pockenepidemie aus. Alle Eskimos in der Kolonie und die Frau des Predigers starben an dieser schweren Krankheit. Pocken sind sehr ansteckend, darum wagte niemand in der Umgebung, die Iglus zu betreten, in denen Kranke waren. Pastor Egede jedoch besuchte jeden Kranken und versuchte zu helfen. Das machte auf die Eskimos einen tiefen Eindruck. Sie erkannten, dass die Botschaft, die er brachte, sehr wichtig sein musste. Er musste ein wunderbarer Mann sein, da er sein Leben derart aufs Spiel setzte.

Als die Seuche vorbei war, kamen zunächst ein paar Eskimos, um ihn zu hören. Dann kamen immer mehr. Gott segnete seine Verkündigung, und Menschen fanden zum Glauben an den Herrn Jesus als ihren Erretter. Kannst du dir vorstellen, wie sehr Pastor Egede sich darüber freute, nachdem er so viele Jahre gewirkt hatte? Er blieb fünfzehn Jahre bei den Eskimos und erlebte, wie viele von ihnen zutiefst verändert wurden.

Frage: Diese Geschichte zeigt uns, welche Liebe und welchen Herzenswunsch, Gottes Wort zu verkünden, ein wahrer Diener Gottes hat. Interessierst du dich für Gottes Botschaft, die Diener Gottes wie Prediger und Kinderstundenleiter dir verkünden?

Schriftlesung: 1. Korinther 9,16-23

Anregungen zum Gebet:

✶ Danke Jesus für seine Liebe zu denen, die ihn zuvor abgelehnt haben. Bitte ihn, dir zu helfen, anderen seine Liebe zu bringen – mit Taten und Worten.

❖ Bitte Gott, dein Herz anzurühren, dein stolzes Wesen zu verändern und dich demütig zu machen. Bitte ihn, dir den Wunsch zu schenken, von deinen Sünden umzukehren.

3. Dem Vorbild Jesu folgen

Diese Geschichte handelt von einer Christin, die gründlich gelernt hatte, wie man Jesus ähnlicher wird und wie man durch vorbildliches Verhalten Gutes bewirkt. Der Name dieser Frau war Linda Bishop. Aufgewachsen war sie in einem der Staaten Neuenglands in Amerika. Ihre Eltern waren sehr reich, sie hatte es zu Hause bei ihnen sehr gut gehabt. Linda Bishop war eine aufrichtige Christin und wollte gerne Jesus ähnlich sein.

Mrs. Bishop widmete sich der Mission unter den Indianern im Nordwesten Nordamerikas. Dort arbeitete sie einige Jahre als Lehrerin. Die Indianer in ihrer Schule liebten und achteten sie, und das aus gutem Grund, denn sie hatte immer treu zum Wohl der Indianer gearbeitet. Sie war freundlich, liebenswürdig und geduldig. Ihre Schüler hatten noch nie erlebt, dass sie die Beherrschung verloren hätte. Und wenn sie ihnen von Jesus vorlas und erzählte, erkannten sie, dass sie seinem Vorbild nachfolgte. Das machte die Indianer sicher, dass die Bibel wahr ist.

Einigen Schülern aber, die keine Christen geworden waren, gefiel das gar nicht. Sie bekamen Gewissensbisse, weil sie Gott nicht gehorchen wollten. Mrs. Bishops Vorbild schien ihnen jeden Tag zu sagen: »Die Bibel ist wahr. Ihr müsst dem Gott der Bibel glauben!« Deshalb dachten sie sich: »Wenn wir doch nur einmal erleben könnten, dass sie zornig wird! Dann müssten wir uns nicht mehr ganz so unwohl fühlen.«

Eines Tages trafen sich einige der älteren Jungen nach der Schule, um sich über diese Sache zu beraten. Sie planten, irgendetwas anzustellen, das Linda zornig machen würde. Aber sie konnten sich nicht entscheiden, was sie tun sollten. Sie wollten schon aufgeben, als einer der Jungen, Jimmy Cornplanter, der die ganze Zeit mit seinen kleinen schwarzen Augen in die Wolken geschaut hatte, plötzlich aufsprang und rief: »Ich weiß, was wir tun können! Aber ich werde es euch jetzt noch nicht sagen. Kommt morgen früh wieder! Dann werden wir Mrs. Bishop in den Wahnsinn treiben. Sie wird völlig durchdrehen!«

Keiner von ihnen glaubte, dass Jimmy Cornplanter es schaffen würde, Linda Bishop wütend zu machen, aber alle versprachen zu kommen.

Es war mitten im Winter, und dieser Winter war ungewöhnlich hart. Früh am nächsten Morgen waren Jimmy Cornplanter und die anderen Jungen schon in der Schule, lange bevor es Zeit war, dass die Lehrerin erschien. Jimmy erklärte den anderen seinen Plan, den alle rasch in die Tat umsetzten.

Sie trugen Schnee in Eimern herbei und stopften ihn in den Ofen, so dass der Ofen bald ganz voller Schnee war. Dann versteckten sie sich im Umkleideraum und warteten auf die Lehrerin. Sie waren sich sicher, dass sie sehr wütend werden würde, wenn sie herausfand, dass sie kein Feuer im Ofen anzünden konnte.

An diesem Morgen war es bitterkalt. Linda war früh losgegangen, damit das Feuer bereits lange vor Unterrichtsbeginn gut brennen und die Kälte aus dem Schulhaus vertreiben würde. Sie musste sich allein ihren Weg durch den Schnee bahnen, und als sie das Schulhaus erreichte, war sie völlig durchgefroren. Ihre Finger schmerzten vor Kälte, als sie die Tür öffnete. Für einen Moment dachte sie an das gemütliche Heim, das sie einst verlassen hatte. Ihr Vater, ihre Mutter, Schwestern und Brüder genossen dort jeden erdenklichen Komfort. Doch sie sagte sich: »Ich bin glücklich, hier Jesus zu dienen!«, und dieser Gedanke ließ es ihr warm ums Herz werden.

Sie betrat das Klassenzimmer, und nachdem sie ihr Körbchen voll Brennholz genommen hatte, öffnete sie die Ofentür, um das Feuer anzuzünden. Doch zu ihrem Erstaunen war darin ein riesiger Haufen Schnee! Verblüfft blinzelte sie. Sofort vermutete sie, dass die Jungen ihr damit einen Streich spielen wollten. Sie wusste nicht, wo sie sich versteckt hatten, um sie zu beobachten, also seufzte sie, begab sich ruhig zur Tür, nahm den Eimer und die Kohlenschaufel und ging geduldig ans Werk, den Schnee herauszuschaufeln. Dabei war kein einziges zorniges Wort von ihr zu hören, ja, nicht einmal ein wütender Blick war zu sehen.

Das war zu viel für die Jungen, die alles von ihrem Versteck aus beobachtet hatten. Sie traten heraus und kamen sich ziemlich dumm vor. Aber nachdem sie Mrs. Bishop um Vergebung gebeten hatten, nahmen sie Schaufel und Eimer, und rasch war der ganze Schnee entfernt. Bald darauf knisterte ein schönes, gemütliches Feuer im Ofen.

Dieses geduldige Verhalten der Lehrerin hatte eine wunderbare Wirkung auf die Jungen, denn ein Segen Gottes lag darauf. Dieses Erlebnis machte die Jungen sicher, dass das, was die Bibel lehrt, wahr ist. Für sie war es der sichtbare Beweis, dass Gottes Wirken an Linda Bishops Herzen mächtig war und stärker als alles, was Menschen vermögen.

An diesem Tag rief Jimmy Cornplanter seinen Freunden triumphierend zu: »Niemand kann Mrs. Bishop in den Wahnsinn treiben! Niemand kann Mrs. Bishop in den Wahnsinn treiben!« Als Linda das hörte, kamen ihr die Tränen. Die Jungen konnten ihr ja nicht ins Herz schauen. Sie konnten nicht wissen, wie sehr sie Gott darum gebeten hatte, dass sie für die einheimischen Indianer ein Vorbild Christi sein möge. Sie hatte immer gefürchtet, eher ein schlechtes Zeugnis als eine nützliche Dienerin des Herrn zu sein. Jetzt dankte sie Gott und betete um Kraft und Liebe, damit sie ihre großartige Arbeit, mit der sie Gott unter diesen Indianern diente, fortsetzen konnte.

Frage: Welches Verhalten von Linda Bishop überzeugte die Jungen davon, dass das, was sie über Gott sagte, wahr ist?

Schriftlesung: Matthäus 5,38-48
Anregungen zum Gebet:
- ✴ Bitte Gott, dich zu einem guten Vorbild für andere zu machen, einschließlich für die, die sich um ihn und sein Wort nicht scheren. Danke dem Herrn dafür, dass er dich verändert hat, und bitte ihn, dich seinem Sohn immer ähnlicher zu machen.
- ❖ Bitte Gott, dich demütig zu machen, damit du ihm bereitwillig gehorchst und an ihn glaubst.

4. Aus der Finsternis zum Licht

Mamba war eines der gemeinsten Mädchen im Dorf. Auch Dschymba konnte sie nicht leiden. »Mir ist egal, ob du die Tochter des Bruders meines Mannes bist!«, schrie Dschymba sie an, als sie vor dem kleinen Feuer in ihrer runden Grashütte in Afrika saß. »Du bist voll böser Geister!«

»Aber die Geister versuchen doch, aus mir herauszukommen, und das werden sie auch«, gab Mamba zurück. »Schau nur«, sagte sie und zeigte dabei auf eine hässliche, rote Wunde an ihrem rechten Bein.

Mamba mochte es, gemein zu sein – zumindest dachte sie, dass es ihr Spaß machte. Aber alles war anders, seit eines Tages zwei weiße »Geister« in ihr Dorf gekommen waren. Später wusste Mamba, dass es tatsächlich ein weißer Mann und seine Frau waren, die von weit her, von jenseits des Meeres, angereist waren. Aber als sie das erste Mal aufgetaucht waren, hatten Mamba und die anderen Kinder im Dorf gedacht, sie wären aus der Geisterwelt gekommen. Voller Entsetzen hatten sie sich versteckt.

Doch die Missionare hatten wunderschöne und unvergessliche Worte gesagt. Mamba und die anderen waren schließlich aus ihrem Versteck gekrochen und hatten zugehört. Der Mann hatte gesagt, die Geschichte, die sie erzählten, stamme aus einem

Buch, das vom Himmel herabgekommen sei, und die Geschichte sei wahr. Sie handelte von einem neuen Gott – einem Gott, der für Mamba neu war, den aber andere Menschen in anderen Teilen der Welt schon seit langer Zeit kannten. Dieser Gott war wahrhaftig uralt, denn der weiße Mann hatte gesagt, dass es ihn schon immer gegeben habe.

Die Missionare hatten auch von der Liebe erzählt, die dieser große Gott zu denen habe, die an ihn glauben. Dieser Gott habe seinem Volk seine große Liebe erwiesen, indem er seinen einzigen Sohn für sie in den Tod gegeben habe. Zu Mamba hatten sie gesagt, dass sie ihre vielen Sünden bereuen und diesen Gott bitten müsse, ihr um seines Sohnes Jesus willen zu vergeben. Wer seine Sünden bereue und an diesen Jesus glaube, werde mit ihm für immer an einem wunderschönen Ort namens Himmel sein. Das Blut seines Sohnes Jesus Christus könne alle Sünden abwaschen, und selbst den allerschlimmsten Sünder könne er retten. Als Mamba das gehört hatte, hatte sie gedacht: »Die haben keine Ahnung, wie schlecht ich bin! Ob dieser mächtige Gott wohl sogar jemanden wie mich gut machen kann?« Ihr Herz war von dem sehnlichen Wunsch erfüllt worden, diesem großen Gott zu gehören. Aber genau in diesem Moment hatte sie die kleine rote Geldbörse entdeckt, die der Missionarin gehörte, und sie gestohlen.

Seitdem hatte Mamba es nur noch von einem sicheren Versteck aus gewagt, der Botschaft der Missionare zu lauschen. Sie traute sich nicht mehr, ihnen unter die Augen zu treten. Je mehr sie hörte, desto mehr erkannte sie, wie sündig sie war. Wenn die Missionare sie sähen, würden sie ihr die Schuld sicher ansehen. Sie konnte sich vor Gott nicht verstecken. Die Missionare hatten gesagt, dass er sie allezeit sehe, auch dann, wenn sie Unrecht tat. Dieser Gott könne sogar in sie hinein sehen – sogar ihre Gedanken kenne er.

Während Mamba über die Missionare und die Geschichten, die sie erzählt hatten, nachdachte, hatte sie Dschymba für einen Moment völlig vergessen. Jetzt schreckte sie auf, als ihre zornige Tante weitersprach. »Sawana hat mir gesagt, dass du faul gewesen bist und heute den ganzen Tag lang nicht gearbeitet hast. Er sagt, du hast im hohen Gras neben dem Erdnussfeld gelegen und nur in den Himmel geguckt.«

»Ich war nicht faul!«, sagte Mamba. »Mein Bein tat weh!«

»Und er sagt, du hast Matemos kleine Schwester gekratzt und gebissen und ihr auch die Halskette aus Löwenzähnen weggenommen. Was soll ich mit einem so faulen, bösen Kind nur anfangen? Geh mir aus den Augen! Sieh zu, wo du heute Nacht schläfst – hier jedenfalls nicht!« Dabei funkelten Dschymbas Augen zornig.

Das war nicht das erste Mal, dass Mamba die ganze Nacht draußen schlafen musste. Es war auch nicht das erste Mal, dass sie ohne Abendessen schlafen ging. Ihr Cousin Sawana bekam wie immer zuerst zu essen, und er war sehr gierig. Oft bekam Mamba abends nur ein paar Brocken.

Mamba warf den Kopf stolz in den Nacken und ging aus Dschymbas Grashütte hinaus, als wäre sie die Tochter des Häuptlings und nicht das kleine Waisenmädchen, das niemand haben wollte und um das sich niemand kümmerte.

Sie würde zu Ndombos Hütte gehen. Auch Ndombo und seine Frau hatten den Missionaren zugehört. Ihre Wohnung war sauber, und sie würden ihr Abendessen mit ihr teilen. Sie hatten für sie zwar keinen Platz in der Hütte, aber sie würden ihr eine Matte geben und sie draußen direkt vor dem Eingang schlafen lassen. Sie würde auch ihr Baby sehen können. Und vielleicht würde Ndombos Frau ihr das Lied beibringen, das sie dem Baby vorsang. Sie hatte das Lied von der Missionarin gelernt. Ndombo hatte Mamba gesagt, dass die Lieder ihres Volkes alle traurig seien, denn sie hätten keine Hoffnung im Herzen. Die Lieder der Missionare aber erzählten von der Hoffnung auf Jesus, der ihnen in diesem Leben helfen und vor allem für das ewige Leben retten kann.

Als es dunkel wurde, legte Mamba sich auf den harten Boden vor Ndombos Hütte, aber sie konnte nicht einschlafen. Ihr Bein tat zu sehr weh. Als sie dort lag, dachte sie daran, wie sie vor drei Jahren das erste Mal in dieses Dorf gekommen war. Ihr Onkel hatte sie nicht haben wollen, aber er hatte sich verpflichtet gefühlt, sie aufzunehmen, weil sie das Kind seines

Bruders war, und sein Bruder war jetzt tot. Dschymba, seine Frau, hatte Mamba immer gehasst. Für sie war sie nur ein weiterer hungriger Mund, der gestopft werden musste. Sawana, Dschymbas Sohn, war grausam zu Mamba.

Mamba fühlte sich so verlassen. Es gab niemanden auf der ganzen Welt, der sie liebte. Keinen kümmerte es, ob sie am Leben war oder tot. Es gab niemanden, der ihr zu essen gab oder sich um sie sorgte. Vom Morgen bis zum Abend wurde sie getreten, geschlagen und angeschrien.

Man hatte Mamba erklärt, dass jeder Mensch voll böser Geister sei. Diese bösen Geister würden versuchen, jedem Menschen und jedem Tier Schaden zuzufügen. Sie seien sogar in Steinen, Bäumen und Büschen. Man müsse schon sehr mutig sein, um draußen im Freien zu schlafen, wo einem die bösen Geister schaden konnten. Darum freute Mamba sich weder über das schöne Licht des Mondes und der Sterne, die über ihr leuchteten, noch darüber, wie schön sich die Palmen gegen den dunklen Himmel abhoben. Sie glaubte, dass ihr böse Geister auflauerten; jederzeit konnten sie sich auf sie stürzen.

Als sie in ihrem Bein starke, pochende Schmerzen spürte, dachte Mamba: »Die bösen Geister geben sich heute Nacht große Mühe, herauszukommen.« Erst vor einer Woche hatte der Medizinmann Dschymba zu sich rufen lassen. Dschymba hatte ihn in seiner dunklen, dreckigen Hütte getroffen, in der er von Fetischen, Glücksbringern und Medizin umgeben war. »In Mamba hausen böse Geister«, hatte er gesagt. »Ich werde die Geister austreiben, aber vorher musst du mir eins von deinen Hühnern geben.«

Dschymba hatte einen Augenblick gezögert. Mamba war ihr kein einziges Huhn wert, aber der Medizinmann hatte so finster dreingesehen, dass Dschymba fürchtete, er würde einen magischen Fluch über sie aussprechen, wenn sie ihm das Huhn nicht gab. Also hatte sie ihm gesagt, er könne eins haben.

An jenem Abend, nachdem Mamba eingeschlafen war, war der Medizinmann in Dschymbas Hütte gekrochen. Er hatte unverständliche Worte gemurmelt, unheimliche Geräusche von sich gegeben und seine Arme seltsam hin und her bewegt. Dschymba und Sawana hatten einander voll Furcht angesehen. Dann hatte er die Haut an Mambas rechtem Bein aufgeschnitten, um die bösen Geister herauszulassen. Mamba war erwacht und hatte vor Schmerz und Angst geschrien. Aber Dschymba hatte ihr gesagt, die bösen Geister könnten jetzt aus ihr heraus. Mamba glaubte daran, dass die offene Wunde den bösen Geistern ermöglicht, ihren Körper zu verlassen. Aber der Besuch des Medizinmanns war nun schon eine Woche her und ihr Bein hatte seitdem von Tag zu Tag immer mehr wehgetan. Mittlerweile war der Schnitt an ihrem Bein zu einer großen offenen Wunde geworden.

Mamba lag da und starrte hinaus in die schwarzen Schatten der Nacht. Die Missionare hatten ihrem

Volk beigebracht, zu dem großen Gott des Himmels zu beten. Er allein könne sie von allem Leid und Schaden erlösen. Er könne ihnen sogar ein neues Herz geben. Dann würden sie ihn lieben und ihm dienen. Aber Mambas Herz war so schlecht! Konnte sie es wagen, zu diesem Gott zu beten, der so heilig und gut war? Die Finsternis der Nacht schien über sie zu kommen und Mamba fühlte sich hoffnungslos verloren. Sie presste ihre Augen fest zusammen und stammelte ihr erstes Gebet: »Oh Gott der Missionare«, betete sie. »Rette mich vor der Finsternis und nimm die Finsternis aus meinem Herzen! Bitte rette mich!«

Spät in der Nacht fiel Mamba in einen unruhigen Schlaf. Am nächsten Morgen, als sie draußen vor Ndombos Hütte auf dem Boden lag, glühte sie vor Fieber. Sie stöhnte, redete wirr und wusste nicht, wo sie war. Die Infektion hatte sich von ihrem Bein aus auf den ganzen Körper ausgeweitet. Mamba war sehr schwer krank.

Auf dem Weg zu seinem Erdnussfeld hielt Ndombo an Dschymbas Hütte und berichtete ihr von Mambas Zustand. Dschymba sagte, sie werde Sawana schicken, damit er sie nach Hause trage.

Dschymba ging zu der Matte, auf der Sawana schlief, und schüttelte ihn. »Wach auf, mein Sohn. Du musst schnell etwas tun.« Sawana setzte sich auf seiner Matte auf, und seine Mutter flüsterte ihm zu: »Du erinnerst dich doch, wie der Medizinmann Mbangu befahl, ihre einzige Ziege zu töten und das Blut zum

Himmel hin zu sprengen, als ihr Sohn im Sterben lag. Jetzt ist Mamba krank. Vielleicht stirbt sie, und sie ist keine Ziege wert. Dieses nutzlose Ding hat mich bereits ein Huhn gekostet. Geh zu Ndombos Haus und nimm sie mit. Lass sie glauben, dass du sie hierher trägst, aber bring sie an den Rand des Urwalds. Wir werden sagen, sie hätte nicht gewusst, was sie tat, und wäre selbst dorthin gelaufen.«

Grausam wie Sawana war, ging er los und tat, was seine Mutter ihm geboten hatte.

Mamba war so krank, dass sie nicht einmal mitbekam, wie Sawana sie aufhob. Sie wusste weder, wann sie das Dorf verlassen hatte, noch, wann man sie an den Rand des Urwalds gelegt hatte, wo Giftschlangen krochen und wilde Tiere auf der Suche nach Beute umherstreiften. Mamba hörte nicht, wie sich der Löwe auf leisen Sohlen heranschlich. Sie sah nicht, wie seine leuchtend gelben Augen sie anblickten. Sie merkte nicht, wie der Löwe sich duckte und zum Sprung auf sie ansetzte. Gott im Himmel aber sah es, und keinen Augenblick zu früh oder zu spät hatte er seine Diener diesen Weg entlang gesandt.

Es war der Tag, an dem der Missionar und seine Frau wieder Mambas Dorf besuchen sollten. Um dorthin zu gelangen, mussten sie ein ganzes Stück dicht am Rand des Urwalds gehen. Das wachsame Auge des Missionars bemerkte, dass ein Löwe sich an irgendetwas am Boden heranpirschte. Er sah, wie die Großkatze zum tödlichen Sprung ansetzte, aber der

Missionar war schneller. Er nahm seine Waffe vom Schultergurt, lud sie schnell wie der Blitz, drückte ab, und der Löwe brach tot zusammen.

Der Missionar nahm Mamba mit auf die Missionsstation, die in einem Dorf viele Meilen entfernt untergebracht war. Dort wusch man sie, bis ihre Haut glänzte. Dann legte man sie auf eine saubere Matte, und zum ersten Mal in ihrem Leben trug sie ein sauberes, weißes Nachthemd.

Man betete viel für das kranke Mädchen. Gott sorgte dafür, dass die ständige Fürsorge und Liebe ihren Zweck erfüllten, und bald begann Mamba, sich zu erholen. Ihr Körper war so ausgezehrt, dass sie dachte, sie könne nie genug von der guten Suppe bekommen. Auch ihr Herz war so ausgezehrt, dass sie dachte, sie könne nie genug Liebe bekommen. Auf der Missionsstation gab man ihr beides reichlich. Man erzählte ihr, wie Gott sie in seiner Vorsehung vor dem hungrigen Löwen bewahrt und sie von ihrer schlimmen Infektion geheilt hatte. Der Herr segnete ihr junges Herz durch diese Unterweisungen. Sie lernte, die Bibel zu lesen und der Heilige Geist öffnete ihr das Herz für die Wahrheit, die Gottes Wort lehrt. Mamba erfuhr das herrliche Wunder der Gnade Gottes, der sich aufmacht, um Sünder zu retten – selbst so schlimme Sünder wie sie.

Mamba ging später oft in ihr Heimatdorf, um ihrem Volk vom Gott der Missionare und von seinem Sohn Jesus zu erzählen. Dschymba und Sawana schauten sie dann erstaunt an: Sie sah so gesund und sauber aus!

Als Mamba ihnen aus ihrem Buch vorlas, sagte Sawana: »Mamba kennt weiße Magie. Sie macht aus den kleinen Zeichen gesprochene Worte.« Jetzt hatten auch er und seine Mutter die Botschaft der Bibel gehört. Und Mamba betete jeden Tag, dass sie von ihrem Aberglauben befreit würden, damit sie erkennen, dass sie den Herrn Jesus Christus brauchten.

Frage: Von welchen zwei Dingen bekam Mamba reichlich auf der Missionsstation? Was lernte sie dort? Wofür betete Mamba?

Schriftlesung: Apostelgeschichte 14,1-18

Anregungen zum Gebet:

* Bitte Gott, dich vor Unheil zu bewahren. Bitte für die Millionen Waisenkinder in Afrika, deren Eltern durch Krieg und Krankheiten gestorben sind und die das Evangelium noch nicht gehört haben.
* Bitte Gott, dir die Sünde zu vergeben, dass du die Wahrheit abgelehnt hast, obwohl du das Vorrecht hattest, die Wahrheit des Evangeliums zu hören.

5. Kimbu

Ein Missionar und seine Frau wurden zusammen mit ihrem kleinen Sohn nach Afrika ausgesandt. Sie errichteten im Urwald eine winzige Missionsstation. Sie erlernten die Sprache der Einheimischen und versuchten, ihnen zu sagen, dass sie den Herrn Jesus brauchen. Die Leute hörten zu, und einige glaubten sogar anscheinend den Worten der Missionare, aber sie beteten weiter ihre heidnischen Götzen an.

Nach zwei Jahren gründete der Missionar eine kleine Schule. Er lud die Eingeborenen ein, ihre Kinder dort hinzuschicken. Die Kinder liebten den Missionar, der auch ihr Lehrer war. Er lehrte sie so viele wunderbare Dinge und erzählte ihnen so viele schöne Geschichten! Besonders eines der Schulkinder schien an den biblischen Geschichten interessiert zu sein: ein Junge namens Kimbu. Manchmal sah der Missionar Tränen in Kimbus Augen.

Eines Tages saß der Missionar nach der Schule an seinem Schreibtisch und bereitete den Unterricht für den nächsten Tag vor. Als er von seiner Arbeit aufschaute, sah er Kimbu am Eingang stehen.

»Komm herein, Kimbu«, sagte der Missionar freundlich. »Stimmt etwas nicht? Ist jemand in deiner Familie krank?« Denn der Missionar war nicht nur Lehrer, sondern auch Arzt.

Kimbu sah den Missionar ernst an. »Mein Herz ist böse, Herr Lehrer.«

»Warum sagst du das, Kimbu?«

»Ich habe so viele Sünden getan. Ich tue Böses, ich denke Böses.«

»Macht dich das traurig?«, fragte der Lehrer.

»Ja. Und Gott mache ich damit auch traurig.« Tränen stiegen in Kimbus braunen Augen auf und kullerten seine dunklen Wangen hinab.

»Hör zu, Kimbu. Du hast gehört, wie ich dir von dem erzählt habe, der Sünder retten kann. Das ist der Herr Jesus.«

»Aber Jesus ist *dein* Gott!«, schluchzte Kimbu. »Mich wird er nicht erhören. Ich bin kein weißer Junge.«

»Kimbu!«, rief der Missionar aus. »Der Herr Jesus kam, um verlorene Sünder zu retten, egal welche Hautfarbe sie haben.«

»Woher wissen Sie das?«, fragte Kimbu herausfordernd.

»Hast du ihn je gebeten, dir ein neues, reines Herz zu geben?«, fragte der Missionar.

»Ja, und jetzt fühle ich mich nur noch schlechter.«

»Kimbu, der Herr will dir dein böses Herz zeigen, bevor er dir ein reines Herz und ein gutes Gewissen schenkt. Er will, dass du erkennst, warum du ein neues Herz brauchst.«

»Wann wird er mir helfen?«, fragte Kimbu unter Tränen.

»Das weiß ich nicht, Kimbu«, antwortete der Missionar. »Aber hör nicht auf zu beten, dass er dir hilft. Er will, dass du ihn um ein neues Herz bittest. Wenn du für dich allein bist, kannst du dem Herrn alles sagen, was dich bedrückt. Der Herr wird dich erhören.«

Der Missionar betete mit dem kleinen Jungen. Darauf ging Kimbu fort. Danach betete der Missionar noch für sich allein und bat den Herrn um Weisheit für sich und für Kimbu, dass er sich bekehren möge.

Während der nächsten Tage war Kimbu sehr still und nachdenklich, wenn er zur Schule kam. Oft bat er, in der Kinderbibel lesen zu dürfen, statt mit den anderen Kindern zu spielen.

Der Missionar und seine Frau erzählten Kimbu biblische Geschichten, von denen sie annahmen, sie würden ihm helfen; aber der Junge blieb still und zurückgezogen. Eines Nachmittags, als der Missionar mit den Kindern eine Lektion über afrikanische Elefanten durchnahm, klopfte es an der Tür, und ein Einheimischer eilte herein.

»Ihr Baby ist sehr krank. Ihre Frau bittet Sie zu kommen!«

Eine Sekunde lang sah der Missionar erschrocken aus. Er konnte es kaum glauben. Als er an jenem Morgen zur Schule aufgebrochen war, hatte er noch mit seinem kleinen Sohn gespielt, und er war noch völlig gesund gewesen. Er bemerkte, dass vierzehn Kinder beobachteten, wie er reagieren würde. Er wünschte, er könnte nach Hause eilen, aber er konnte diese Kinder nicht im Stich lassen. Still betete er um Hilfe.

Der Missionar wandte sich dem Einheimischen zu, der noch immer am Eingang stand. »Sag Ellen, dass ich komme. Zuerst werde ich aber noch mit den Kindern beten.«

Der Lehrer brachte seine Not mit sehr einfachen Worten vor den Herrn und bat ihn, seinen Sohn zu heilen. Dann betete er für die Kinder und bat den Herrn, sie zu beschützen. Der Missionar entließ sie in aller Ruhe und eilte dann heim.

»Was fehlt dem Kind?«, fragte er seine Frau.

»Er hatte aufgehört zu atmen. Ich habe alle Schritte befolgt, die du mir gesagt hast, und bald darauf atmete er wieder. Aber das hat mir große Angst gemacht«, sagte Ellen.

Der Missionar hatte mittlerweile seinen Arztkoffer aus dem Schlafzimmer geholt und untersuchte nun den kleinen Jungen. »Es wird alles gut mit ihm«, sagte er erleichtert.

Erst da bemerkte er, dass Kimbu am Eingang stand. »Wie geht es Ihrem Jungen?«, fragte Kimbu besorgt.

»Es geht ihm jetzt gut, Kimbu«, lächelte der Missionar. »Er hatte aufgehört zu atmen, aber der Herr hat geholfen, dass er wieder atmet. Er ist jetzt sehr müde, aber Gott wird ihn wieder gesund machen.«

Kimbu sah den Lehrer völlig erstaunt an. Für ihn bedeutete dies, dass Gott das Baby vom Tod erweckt hatte. Er ging auf Zehenspitzen zur Wiege und starrte auf das schlafende Baby. »Gott hat Sie und mich erhört«, flüsterte er. »Ich habe zu Gott gebetet, dass er das Baby gesund macht. Gott hat mich erhört.«

Kimbu rannte aus dem Haus, ehe der Missionar oder Ellen darauf antworten konnten. Sie dankten dem Herrn, dass er ihr Kind verschont hatte, und sie beteten wie so oft, dass Kimbu sich bekehren möge.

Am nächsten Morgen, ehe der Missionar zur Schule aufbrach, betrat Kimbu das Haus. »Ich bete jetzt zum Herrn Jesus, Herr Lehrer. Ich bitte Ihren Gott, dass er auch mein Gott ist.«

Der Missionar und seine Frau freuten sich sehr, dies zu hören, und baten Gott, dass er Kimbus Herz wahrhaftig erneuern möge.

Einige Monate später saß der Missionar, noch bevor der Schultag begann, an seinem Pult im Klassenzimmer, während die Kinder draußen spielten. Eine laute Stimme riss ihn aus seinen Gedanken. Sie gehörte Takiki, dem größten Schüler an der Missionsschule. Takiki sagte: »Kimbu, du dienst einem seltsamen Gott. Zeig mir den Gott, dem du dienst!«

Der Missionar hörte, wie Kimbu leise, aber mutig antwortete: »Ich kann dir den Gott nicht zeigen, dem ich diene, aber ich kann dir den Gott zeigen, dem du dienst.«

Der Missionar stand leise von seinem Platz auf und beobachtete, wie Kimbu einen Holzklotz aufhob, der auf der Erde lag. Dann nahm er eine Handvoll Schlamm aus einer Pfütze und klatschte ihn an verschiedenen Stellen auf den Klotz, um ein Gesicht daraus zu machen. »Da, Takiki, das ist der tote Gott, dem du dienst.«

Ein paar Tage später brachte Takiki das Thema wieder zur Sprache. Die Lichtung rund um das Schulhaus war so klein, dass der Missionar genau hören konnte, was vor sich ging, wenn er an seinem Pult saß.

Der Lehrer hatte jedem Kind fünf Murmeln geschenkt. Die Kinder hatten nie zuvor Murmeln gesehen und hielen sie für sehr wertvoll. Einige Kinder hatten anderen Murmeln gestohlen, und Kimbu hatte ihnen gesagt, dass das unrecht war.

Takiki ärgerte Kimbu: »Wir können deinen Gott nicht einmal sehen; wie kann er dann uns sehen?« Er zeigte auf einen Götzen am Rand der Lichtung und sagte: »Unser Gott sieht uns, aber es ist ihm egal, ob wir stehlen.«

Alle Kinder gaben Acht, als Kimbu etwas Schlamm nahm und zum Götzen hinüberging. Dann rieb er dem Götzen Schlamm auf die Augen und sprach: »Euer Gott kann nicht sehen, und er muss ein toter Gott sein, wenn er mich Schlamm auf seine Augen schmieren lässt.«

Kimbu wurde oft geärgert, aber Gott gab ihm die Kraft, diese Glaubensprüfungen zu bestehen. Später respektierten die Kinder ihn, wenn auch nicht alle mit dem Götzendienst aufhörten.

Frage: Wie viele Götter gibt es? Die Antwort steht in 1. Korinther 8,4-6. Was lehrt dich Habakuk 2,18-20 über Götzenbilder?

Schriftlesung: 1. Könige 18,20-40

Anregungen zum Gebet:

✶ Bitte Gott, dass er dich im Glauben wachsen und in seinem Wort immer fester gegründet sein lässt.

❖ Bitte Gott, dir deine Sünden zu zeigen und zu bewirken, dass sie dir leidtun. Bitte ihn, dir ein reines Herz zu schenken.

6. Noch nicht daheim

Es war spät am Nachmittag, als der große Ozeandampfer mit seinen vielen Passagieren in den Hafen von New York einlief. Während die Vorbereitungen zum Anlegen getroffen wurden, standen die meisten Passagiere an der Reling. Viele kehrten von Geschäfts- oder Urlaubsreisen aus Übersee zurück, andere kamen zum ersten Mal nach Amerika und einige kehrten heim, nachdem sie sehr lange von zu Hause fort gewesen waren. So auch der Missionar und seine Frau, die viele Jahre ihres Lebens in einer abgelegenen Region im fernen Afrika verbracht hatten.

Als sie an der Reling des Schiffes standen, betrachteten sie sehnsüchtig die Küste ihrer geliebten Heimat. Sie fragten sich, wer wohl am Anleger stehen würde, um sie zu begrüßen. Sie waren so lange fort gewesen und hatten so viele Jahre an einem Ort hart gearbeitet, an dem niemand außer ihrem Gott sie hatte sehen können. Es war nicht leicht gewesen in all dieser Zeit, aber keinen einzigen Moment hatten sie irgendwo anders sein wollen, denn sie glaubten, dass der Herr sie dorthin gesandt hatte. Jetzt aber, nachdem ihre Gesundheit gelitten hatte und die jahrelange, harte Arbeit sie deutlich zeichnete, kehrten sie heim.

Der Missionar hatte seiner Gemeinde in New York einen Brief geschrieben, in dem er ankündigte, dass sie kommen würden. Als sie Afrika verließen, hatten sie noch keine Antwort aus New York erhalten; aber da die Post damals langsam war, kümmerte sie das nicht.

Aber als sie nun eifrig zu den Docks hinüberschauten, staunten sie nicht schlecht: Tausende erwarteten das Schiff! Sie riefen: »Willkommen daheim!«, und schienen genau auf den Platz an der Reling zu zeigen, an dem die Missionare standen.

»Wissen all diese Leute, dass wir heimkommen?«, fragte der Missionar.

»Ich habe keine Ahnung«, antwortete seine Frau.

Das Rufen der Menge ließ nicht nach, als das Schiff anlegte, und durch den Lärm und die Musik der Kapelle hindurch konnten die Missionare jetzt deutlicher hören, was sie riefen: Sie hießen einen Großwildjäger willkommen, der von seinen Jagdreisen aus Afrika heimkehrte. Die Missionare schauten einander an; dann gingen sie über die Landungsbrücke zum Dock hinab, wo die Leute sich schoben und drängten, um einen Blick auf den berühmten Jäger zu erhaschen. Aber niemand war da, um die Missionare zu begrüßen.

Als sie später schweigend mit einem Taxi zum Hotel fuhren, war dem alten Missionar, als ob Satan, der Ankläger, ihm zuflüstern würde: »Denk nur, wie sie die Weltmenschen begrüßen; aber um dich daheim willkommen zu heißen, einen Mann Gottes, der Jahre seines Lebens gegeben hat, um das Evangelium im gefährlichen Urwald zu predigen, ist nicht ein Einziger erschienen!«

Dieser Mann Gottes gestand sich innerlich ein, dass er furchtbar enttäuscht war. Als er traurig in seinem Hotelzimmer saß, schien es ihm, als ob Satan ihn weiter verspotten würde: »Kein Einziger kam, um dich zu begrüßen! Niemand schert sich darum!«, ging es ihm ständig durch den Kopf.

Schließlich sagte er zu seiner Frau: »Nach all diesen Jahren, meine Liebe, dachte ich, jemand wäre da, um uns zu begrüßen. Jemand, der uns daheim willkommen heißt!«

Seine Frau antwortete sanft: »Ich weiß, mein Lieber. Ich werde eine Zeitlang hinausgehen. Sprich zu Gott darüber und warte ab, ob dir etwas klar wird.«

Als er in dem einsamen Hotelzimmer allein war, neigte der alte Missionar den Kopf und tat genau das. Voll kindlicher Einfalt schüttete er alle Anfechtungen und Zweifel vor seinem Vater im Himmel aus.

Etwas später kam seine Frau zurück. Als sie das Zimmer betrat, bemerkte sie den ernsten Gesichtsausdruck ihres Mannes.

»Nun, mein Lieber, hat der Herr dir etwas klargemacht?«, fragte sie.

Die Antwort des alten Missionars bestand aus einem Zitat von Johannes 14,1-3: »Euer Herz erschrecke nicht! Glaubt an Gott und glaubt an mich! Im Haus meines Vaters sind viele Wohnungen; wenn nicht, so hätte ich es euch gesagt. Ich gehe hin, um euch eine Stätte zu bereiten. Und wenn ich hingehe und euch eine Stätte bereite, so komme ich wieder und werde euch zu mir nehmen, damit auch ihr seid, wo ich bin.« Unter Tränen sagte der Missionar: »Mir war, als ob der Herr sagte: ›Mein Kind, du bist jetzt noch gar nicht daheim!‹«

Frage: Wo ist die wahre Heimat eines Christen? Welcher Ansporn für Missionare und andere, die ihr Leben dem Dienst für Gott geweiht haben, findet sich in Kolosser 3,23-24?
Schriftlesung: Offenbarung 21,1-6
Anregungen zum Gebet:
✶ Bete für Missionare in anderen Ländern. Bitte Gott, ihnen zu helfen, wenn sie Heimweh bekommen.
❖ Bitte Gott, dir Verlangen danach zu schenken, sein Wort, das verkündigt wird, zu hören.

7. Die Augen des Häuptlings

Der Abend kam, und die Sonne verschwand rasch hinter den Baumwipfeln der Berge Südafrikas. Ein letztes goldenes Glimmen zog über die weißen Wände der Missionsstation »Morija«.

Während die letzten Sonnenstrahlen hinter den Fenstern der Kinderabteilung des Missionskrankenhauses glühten, ging der Missionsarzt Dr. Everts dort durch die Bettreihen. Auf der Station waren viele Kinder des Zulu-Volkes in Behandlung. Die kranken Kinder saßen oder lagen auf ihren Betten und warteten mit gefalteten Händen auf das Abendgebet. Der Missionar betete mit ihnen und bat den Herrn, sie zu heilen und ihr Herz mit dem Licht des Evangeliums zu erleuchten.

Als er die Abteilung gerade verlassen wollte, streckte sich ihm eine kleine Hand entgegen. Sehnsüchtig sagte eine Kinderstimme: »Herr Doktor, Herr Doktor!«

»Ja?«, fragte er und hielt an.

»Herr Doktor«, sagte das Kind, »wann ist endlich Weihnachten? Werden Sie uns dann wieder eine Geschichte aus der Bibel erzählen?«

Der Missionar lächelte: »Ja, das verspreche ich euch. Ich werde euch von den Hirten und ihren Schafherden erzählen und von dem hellen Licht in der finsteren Nacht. Wenn die Sonne noch zweimal aufgegangen ist, ist Weihnachten. Aber jetzt musst du schlafen gehen.«

Dr. Everts ging vom Krankenhaus nach Hause. Er freute sich von Herzen, so vielen heidnischen Kindern die wunderbare Geschichte der Geburt Jesu Christi aus der Bibel erzählen zu können.

Er schaute auf die untergehende Sonne, die über den Berggipfeln glühte. In der Ferne, auf dem Gipfel des höchsten Berges, lag das Zulu-Dorf Kakoela (*Kakúla* ausgesprochen). Dort wohnte Häuptling Tschuana, der Oberhäuptling der gesamten Gegend. Als Dr. Everts dieses Dorf betrachtete, erfüllte ihn Sorge.

Häuptling Tschuana war sehr mächtig. Alle Bewohner der Berge waren ihm untertan. Niemand wagte es, zum Missionskrankenhaus zu kommen, weil der Häuptling es verboten hatte. Mütter, die ihre Kinder zur Missionsstation »Morija« brächten, würden bestraft. Sie bekämen dann viele Tage lang nichts zu essen.

Der Missionar hatte Häuptling Tschuana oft gefragt, ob er in sein Dorf kommen, den Leuten aus der Bibel erzählen und den Kranken helfen dürfe. Der Häuptling aber war zornig und voller Feindschaft, deshalb hatte er es verboten.

Nun, da die Weihnachtstage nahten, wurde in vielen Ländern die frohe Botschaft des Evangeliums verkündigt. Dr. Everts sehnte sich danach, auch den Leuten von Kakoela die frohe Botschaft zu verkündigen.

Er wusste, dass sich die Frauen und Kinder im Bergdorf Kakoela sehr vor bösen Geistern fürchteten. Die Kinder lebten in ständiger Angst, von den Geistern getötet zu werden. Wenn sie krank waren und Bauch- oder Kopfschmerzen hatten, dachten sie, dass ein böser Geist oder eine Schlange in ihrem Bauch oder Kopf wäre. Dann schlugen sie heftig auf sich ein, um diesen bösen Geist auszutreiben, was natürlich nicht half. Stattdessen spürten sie nur noch mehr Schmerzen und bekamen noch mehr Angst.

Die Kinder von Kakoela und auf den Bergen ringsum wussten nicht, dass vor langer Zeit ein Engel auf den Feldern von Bethlehem gesprochen hatte: »Fürchtet euch nicht! Denn siehe, ich verkündige euch große Freude, die dem ganzen Volk widerfahren soll. Denn euch ist heute in der Stadt Davids der Retter geboren, welcher ist Christus, der Herr« (Lukas 2,10-11).

Der Missionar sehnte sich danach, zum Bergdorf des Häuptlings zu gehen. Er wollte den Leuten dort sagen, dass die Medizinmänner Lügner waren und dass nur der große König, der Herr Jesus Christus, sie von ihrer quälenden Furcht und ihren Sünden befreien konnte. Würde ihm jemals erlaubt werden, Kakoela zu betreten?

An jenem Abend knieten der Missionar und seine Frau in ihrem Häuschen zum Gebet nieder. Der Missionar flehte den Herrn an, seine Macht zu erweisen und ihm den Weg nach Kakoela zu bahnen. »Vielleicht kann ich schon morgen dort hingehen«, sagte er voller Hoffnung zu seiner Frau.

Am nächsten Morgen sandte er einen Boten zum Häuptling, um fragen zu lassen, ob er als Arzt die Leute von Kakoela besuchen dürfe. Aber als der Bote zurückkam, war er sehr verängstigt.

Der Zulu-Häuptling rase vor Wut, berichtete der Bote. Er wolle keinen einzigen Christen in seinem Dorf sehen. Das Buch des weißen Mannes dürfe nicht nach Kakoela kommen! Als Dr. Everts an diesem Tag seine Arbeit tat, war er enttäuscht. Dennoch hegte er weiterhin die Hoffnung, irgendwann nach Kakoela gehen zu können.

Es war am Nachmittag des Weihnachtstages. Nachdem er seine Patienten im Krankenhaus untersucht hatte, war Dr. Everts auf dem Weg nach Hause. Plötzlich stand ein Zulu-Junge vor ihm. Er war völlig außer Atem. Während er nach Luft schnappte, sagte der Junge: »Doktor, Sie müssen sofort nach Kakoela kommen! Die Augen des Häuptlings sind tot. Er kann gar nicht mehr arbeiten.«

Beunruhigt fragte Dr. Everts: »Sind die Augen von Häuptling Tschuana sehr krank?«

»Nein, nein«, sagte der Junge; »sie sind *tot*, und Sie müssen schnell kommen, um in den toten Augen wieder Licht zu machen! Der Häuptling kann sonst nämlich nicht zu seiner Reise aufbrechen.«

Der Doktor machte seinen Arztkoffer bereit und sagte zur Oberschwester: »Bitte bereiten Sie im Krankenhaus ein Zimmer für den Häuptling vor!« Dann legte er eine Krankentrage hinten in seinen Wagen. Bald war er mit zwei Gehilfen aus dem Krankenhaus auf der engen, holprigen Bergstraße unterwegs zum Dorf des Häuptlings.

Viele Gedanken gingen dem Missionar durch den Kopf. Nun wurde ihm plötzlich erlaubt, an Weihnachten nach Kakoela zu kommen! Das hatte er sich jedoch aus einem ganz anderen Grund gewünscht. Er hatte gehofft, dass ihm erlaubt werden würde, diesen Leuten die Botschaft der Geburt Jesu zu bringen. Jetzt aber musste er wegen der Augen des Häuptlings kommen, in denen nicht das geringste Licht war. Das war eine sehr ernste Sache. Während der Fahrt überlegte er, was er dem Häuptling wohl sagen solle. Als er in Kakoela eintraf, war er sehr besorgt.

Häuptling Tschuana stand am Dorfeingang. Er war mit seinem edlen roten Mantel bekleidet und erwartete den Missionar. Als der ihn besorgt anblickte, sah er in zwei kluge Augen, die ihn gebieterisch fixierten. Dr. Everts begriff nicht. Nachdem die langwierige afrikanische Begrüßung beendet war, fragte er den Häuptling: »Ihre Augen sind krank?«

»Ja«, sagte der Häuptling. »Ich werde sie Ihnen zeigen.« Der Arzt wunderte sich sehr über die Antwort des Häuptlings, folgte ihm aber aus dem Kraal (der Siedlung) hinaus. Dort stand ein alter Lastwagen. Der Häuptling zeigte auf die Scheinwerfer und sagte: »Schauen Sie, die Augen sind tot. Sie können nichts mehr sehen. Jetzt kann ich ihn nicht benutzen. Können Sie dort neues Licht hineintun?«

Der Missionar war sehr erstaunt: »Ach, die ›Augen‹ Ihres Lastwagens sind ›tot‹! Ihr Bote sagte mir, die Augen des Häuptlings seien tot! Ich bin so schnell wie möglich gekommen und muss nun feststellen, dass die Scheinwerfer Ihres Autos kaputt sind. Warum haben Sie denn Ihren Jungen ausrichten lassen, dass Ihre Augen ohne Licht seien?«

Nun musste sich aber der Häuptling wundern. Er sagte: »Das ist mein Auto, also sind das auch meine Augen.« Dr. Everts versuchte, Häuptling Tschuana zu erklären, dass man einen Arzt nur rufen könne, damit er die kranken Augen der Menschen aus dem Dorf behandle, und nicht, um die »toten Augen« seines Wagens reparieren zu lassen.

Dr. Everts war erleichtert, aber zugleich auch enttäuscht. Er hatte eine lange, anstrengende Reise über eine holprige Bergstraße hinter sich und fragte sich, ob er deshalb den ganzen Weg hier herauf gekommen war, und das auch noch am Weihnachtstag.

Häuptling Tschuana bat den Arzt dringend, die Augen seines Autos zu reparieren. In der Hoffnung, die Freundschaft des Häuptlings zu gewinnen, prüfte der Missionar die Beleuchtung des Autos. Er fand bald heraus, wo das Problem lag und nach einer kleinen Reparatur war das Licht wieder bestens in Ordnung. Der Häuptling war sehr froh, dass die »Augen« wieder »sehen« konnten.

Er befahl den Frauen, dem Arzt etwas zu essen zu machen. Man brachte Holz herbei, und bald brannte vor Tschuanas Hütte ein Feuer. Alle Männer und Jungen versammelten sich darum. Die Frauen und Mädchen saßen etwas abseits in einem weiteren Kreis hinter den Männern. Nachdem der Doktor gegessen hatte, befahl Häuptling Tschuana allen Dorfbewohnern, sich um das Feuer zu versammeln. Um seinen Dank für die Heilung der Augen seines Lastwagens zu erweisen, gab er, der mächtige Häuptling, dem Missionar die Erlaubnis, etwas aus dem Buch seines Königs vorzulesen. Aber nur dieses eine Mal.

Dr. Everts war beschämt. Seine Enttäuschung über die kranken »Augen« wich, als er verstand, dass der Herr ihn durch diesen seltsamen Hilferuf am Weihnachtstag nach Kakoela geführt hatte. Es wurde ein unvergesslicher Abend.

In der Abendstille saßen Häuptling Tschuana, alle seine Frauen sowie die Männer, Frauen und Kinder von Kakoela um das Feuer herum. Alle Augen waren auf den weißen Mann gerichtet; ihm galt ihre volle Aufmerksamkeit. Als der Missionar ihre Gesichter im Licht der Flammen sah, wurde sein Herz von tiefer Liebe und Mitleid mit ihren Seelen erfüllt. Während er unter den Leuten von Kakoela saß, senkte er kurz den Kopf und faltete die Hände. Der Missionar bat den Herrn, ihm zu helfen und ihm Weisheit zu geben.

Dann erhob er seinen Blick, sah die Leute an und erzählte ihnen die wunderbare Geschichte der Geburt

Jesu aus der Heiligen Schrift. Er erzählte ihnen die Geschichte des Königs der Könige, der als Licht in die Finsternis einer sündigen Welt kam.

Er sagte ihnen: »Eure Seelen sind wie tote Augen. Deshalb könnt ihr dem Wort Gottes nicht glauben. Wenn aber der allmächtige Gott eure Seelen anrührt und belebt, dann wird das Licht kommen und die Finsternis vertreiben, die jetzt in euch ist. Dann werden eure Seelen wie Augen voller Licht sein. Dann werdet ihr Gottes Wort verstehen können und euch danach sehnen, durch den Glauben dieses große Licht, Jesus Christus, zu erkennen. Ihr werdet euch danach sehnen, von ihm vor der ewigen Finsternis gerettet zu werden.«

Es war schon spät am Abend, als der Missionar mit seiner Geschichte zu Ende war. Alles war mucksmäuschenstill. Häuptling Tschuana erhob sich. Er dankte Dr. Everts für seine wunderbaren Worte und bat ihn, wiederzukommen und ihnen mehr von diesen guten Worten aus dem Buch zu sagen. Dieser Weihnachtsabend war für die Leute von Kakoela unvergesslich, ebenso aber auch für den Missionar.

Als er zur Missionsstation zurückkam, war die Oberschwester froh zu hören, dass der Häuptling gesund war. Besonders froh war sie aber, als sie erfuhr, dass die Kinder von Kakoela das erste Mal in ihrem Leben die Botschaft des Evangeliums gehört hatten.

Sagt aller Welt seine wunderbaren Wege,
Sagt's den Heidenvölkern nah und fern;

Groß ist der Herr und groß sein Ruhm,
und ihn allein sollen die Völker fürchten.

Frage: Welchen »Defekt« hat deine Seele, wenn du nicht auf den Herrn Jesus Christus vertraust?

Schriftlesung: Lukas 2,10-11; 1. Korinther 2,6-16

Anregungen zum Gebet:

* Bete für Missionsärzte. Bete, dass ihre Patienten an Jesus Christus gläubig werden und Gott sowohl die medizinische als auch die geistliche Arbeit segnet.
* Bete, dass du erkennst, dass du ohne Jesus geistlich tot bist und die ewige Verdammnis verdienst, aber durch den Glauben an ihn das ewige Leben empfängst.

8. Die Rache des Indianers

Die goldene Regel »Was du auch willst, das man dir tu, das füg auch allen andern zu« stammt aus der Bergpredigt Jesu Christi (Matthäus 7,12) und sollte von jedermann befolgt werden. So lange wir aber nicht Gottes Kinder sind, können wir diesem wichtigen Gebot nie so gehorchen, wie wir sollten.

Vor vielen Jahren stand am Rande einer Ansiedlung von Pionieren in Amerika ein kleines Haus, das einem fleißigen Farmer gehörte. Bereits als kleiner Junge hatte er England verlassen, um mit seiner Familie nach Amerika auszuwandern. Dort angekommen, hatte er seinem Vater geholfen, eine Farm zu begründen, Feldfrüchte anzubauen und das Vieh zu hüten. Seit seiner Heirat bewirtschaftete er seine eigene Farm.

Es war ein friedlicher, stiller Ort. Die Hütte war auf einem kleinen Hügel erbaut, der zu einem Fluss hin schräg abfiel. Weiter stromabwärts trieb dieser Fluss eine Sägemühle an. Der Garten brachte verschiedene Arten von Gemüse hervor, die bald für den langen, harten Winter eingemacht werden sollten. Am Hang lag ein Obstgarten mit verschiedenen Arten von Fruchtbäumen. Das Heu auf den Wiesen war so weit, gemäht zu werden, und das Getreide bildete gerade Ähren. Weiter weg lagen die Wälder, die ein guter Jagdgrund waren. Der Farmer und seine Frau waren reich gesegnet.

An einem schönen Sommerabend – die Sonne war eben untergegangen, doch der Himmel leuchtete noch in den herrlichen Farben der Abenddämmerung – saß William Sullivan, der Farmer, auf der Eingangsstufe seiner Hütte und dengelte seine Sense für die bevorstehende Heuernte. Er war ein freundlicher Mensch, aber voller Vorurteile gegenüber den nordamerikanischen Indianern. Seit seiner Kindheit hatte er falsche und übertriebene Geschichten über die »gefährlichen Wilden« gehört – die Indianer, die in den Steppen und Wäldern Amerikas lebten. Er verachtete sie als unbarmherzige Heiden und vergaß dabei, dass er selbst nie Gott für den Segen gedankt hatte, den er so reichlich empfangen hatte.

William war so sehr mit dem Schärfen seiner Sense beschäftigt, dass er gar nicht bemerkte, wie der große schlanke Indianer zu ihm trat. »Können Sie mir bitte etwas zum Abendessen und einen Platz zum Übernachten geben? Ich habe heute kein Jagdglück gehabt«, hörte er ihn neben sich fragen.

Der junge Farmer blickte auf und verzog verächtlich das Gesicht. Mit einem zornigen, finsteren Blick sagte er bitter: »Du heidnischer Indianerhund, ich werde dir nichts geben! Geh weg!«

Der Indianer wandte sich fort, hielt dann aber inne: »Sir, ich bin sehr hungrig, denn ich habe schon lange nichts mehr gegessen. Geben Sie mir doch nur eine Brotkruste, damit ich mich für den Rest meines Weges etwas stärken kann.«

William stand auf: »Geh weg von mir, du heidnischer Hund! Ich habe nichts für dich!«

In dem Indianer schien ein innerer Kampf stattzufinden, als ob Stolz und Not miteinander fochten. Sein Hunger und Durst gewannen, und er flehte: »Nur ein Becher kaltes Wasser, bitte! Mir wird fast schwarz vor Augen.«

»Im Fluss ist reichlich Wasser. Nun scher dich weg von hier!«, schrie William.

Mit stolzer, aber trauriger Miene wandte sich der Indianer ab und ging langsam auf den Fluss zu. Seine schwachen Schritte ließen deutlich erkennen, dass er wirklich in großer Not war.

Weder William noch der Indianer wussten, dass Mary, die Frau des Farmers, die Bitte des Indianers und die rüde Antwort ihres Mannes mitgehört hatte, als sie ihr kleines Kind in den Schlaf wiegte. Durchs Fenster sah sie, wie die Schritte des Indianers wankten und er vor Erschöpfung zusammenbrach. Sie blickte kurz zur Scheune hinüber und sah, dass ihr Mann dorthin ging, um nach den Tieren zu schauen. Rasch nahm sie etwas Milch, Reste vom Abendessen und ein wenig Brot. Dann eilte sie zu dem Indianer, der dort mit geschlossenen Augen lag.

»Möchte mein Bruder etwas Milch trinken?«, fragte sie sanft.

Er nahm das Essen und die Milch dankbar an. Als er aufgegessen hatte, dankte er ihr; »Karkutschi wird die weiße Taube vor den Fängen des Adlers behüten.

Um ihretwillen wird ihr Junges in seinem Nest sicher sein, und ihr roter Bruder wird nicht nach Rache dürsten.«

Er zog ein Bündel Reiherfedern aus seinem Wildlederrock, wählte die längste davon aus und gab sie Mary Sullivan. »Wenn der Mann der weißen Taube über die Jagdgründe der Indianer fliegt, dann soll er dies an seinem Kopf tragen.« Daraufhin wandte er sich fort und verschwand im Wald.

Der Sommer verging, die Erntezeit war gekommen und vergangen, und Mary hatte einen wahren Überfluss an Gemüse und Obst aus dem Garten eingemacht. Die Kürbisse waren gut eingelagert, und die Bäume erstrahlten in den bunten Farben des Herbstes. William Sullivan und die anderen Männer der Pioniersiedlung begannen, Pläne für einen Jagdausflug zu schmieden. Das war immer eine sehr aufregende Zeit, und William kannte gewöhnlich keine Angst vor Angriffen der Indianer, von denen man gelegentlich hörte. Er war ein erfahrener Jäger und wusste sein Beil und Gewehr geschickt zu nutzen.

Diesmal aber erfüllten ihn Zweifel. In seinen Träumen sah er oft das Gesicht des Indianers vor sich, den er vor einigen Monaten so schäbig behandelt hatte. Am Abend bevor er zur Jagd aufbrechen wollte, gestand er seiner Frau, was er befürchtete.

»Mary«, sagte er, »ich muss immer wieder an diesen Indianer denken. Mein Gewissen lässt mir keine Ruhe mehr. Dauernd geht mir all das durch den Kopf, was meine Mutter mir über Nächstenliebe beigebracht hat und dass ich jedem solche Liebe erweisen muss. Ich fühle mich schrecklich wegen dieser Sache. Einem Menschen in Not, der auch ein Geschöpf Gottes ist, habe ich nicht geholfen. Es kommt mir vor, als ob Gott zornig auf mich wäre.«

Mary hörte ihrem Mann ruhig zu. Als er ausgeredet hatte, legte sie ihre Hand in die seine und sah ihm nervös lächelnd ins Gesicht. »Ich muss dir etwas sagen. Ich habe nicht gewagt, es dir früher zu erzählen, weil du so zornig mit dem Indianer geredet hast.«

Sie berichtete ihm, wie sie dem erschöpften Indianer geholfen hatte. Dann ging sie zum Schreibtisch in der Ecke hinüber und nahm die schöne Reiherfeder heraus. Sie erzählte ihm auch, was der Indianer Karkutschi ihr gesagt hatte, als er ihr die Feder gab.

»Du brauchst keine Rache zu fürchten, wenn du diese Feder trägst, William«, sagte sie.

»Indianer vergessen niemals ein Unrecht, das ihnen angetan wurde«, antwortete ihr Mann traurig.

»Ebenso wenig vergessen sie eine Tat der Nächstenliebe«, gab sie ihm zu bedenken. »Ich werde diese Feder an deinen Jagdhut nähen und dann darauf vertrauen, dass Gott dich bewahrt. Mein Vater pflegte zu sagen, dass wir die gebotenen Maßnahmen zu unserer Sicherheit nie unterlassen dürfen.«

Mary nähte still ein paar Minuten lang und sagte dann schüchtern: »William ... Jetzt, da mein lieber Vater von uns gegangen ist, denke ich oft an all das, was er mich lehren wollte. Ich fürchte, ich habe seine Worte nicht zu Herzen genommen.«

»Was meinst du damit, Mary? Du bist eine wunderbare Ehefrau und Mutter!«, sagte William.

»Aber wir leben nicht so, wie wir sollten. Würde Gott uns so behandeln wie wir ihn, dann hätte er uns aufgegeben, weil wir ihn vergessen haben.«

Mary kamen die Tränen, während sie sprach. Sie war die einzige Tochter eines gläubigen englischen Seemanns. Als sie noch ein Kind gewesen war, hatte es den Anschein gehabt, als sei sie für göttliche Dinge aufgeschlossen. Aber nachdem sie William Sullivan kennen gelernt hatte, war ihr Glaubensbekenntnis dahingeschwunden, denn er war zwar freundlich, anständig und fleißig, aber nicht gläubig.

All die Jahre hatte Marys Gewissen sie gemahnt, aber seit dem Vorfall mit Karkutschi war ihr Herz schwer von Sorgen geworden und sie konnte keine Ruhe finden. Gottes Geist wirkte an ihrem Herzen und zeigte ihr, dass es ohne Gott keinen Frieden gibt. Jeden Tag erinnerte er sie an die Wahrheit, die man sie als Kind gelehrt hatte.

Nun erkannten Mary und William erstmals, dass sie den Herrn suchen mussten. Sie sprachen erst ein wenig zaghaft darüber, waren dann aber froh zu entdecken, dass sie beide dasselbe Anliegen teilten. An jenem Abend knieten die jungen Eheleute zum ersten Mal seit ihrer Hochzeit gemeinsam zum Gebet nieder.

Es war ein schöner Morgen, als die Jäger aufbrachen. Keine einzige Wolke war am Himmel, als William seiner Frau Lebewohl sagte. Williams Ängste waren fort, und Mary und ihr kleiner Sohn winkten fröhlich, als William mit den anderen loszog. Er hatte die Reiherfeder von seinem Hut entfernen wollen, dann aber nachgegeben, als Mary ihn anflehte, sie dort zu belassen.

Die Jäger hatten Erfolg. Zahlreiche Tiere hatten sie erlegt, und am Abend suchten die Jäger Schutz in der Höhle eines Bären, den einer von ihnen erschossen hatte. Nach einem leckeren Abendessen aus gebratenem Fleisch legten sie sich zum Schlafen nieder.

Mit dem ersten Licht der Morgendämmerung standen sie auf, um für noch einen weiteren Tag auf die Jagd zu gehen. Bald erblickte William einen Hirsch und folgte ihm leise. Er war derart damit beschäftigt, den Hirsch zu verfolgen, dass er gar nicht merkte, wie weit er sich von den anderen entfernt hatte. Zu Williams Enttäuschung entkam ihm der Hirsch; aber als er versuchte, den Weg zurück zu finden, kam ihm alles fremd vor. Die Bäume des Waldes waren so dick und das Unterholz so dicht, dass er kaum noch die Sonne sehen konnte. Er wanderte immer weiter und versuchte einen Ort zu finden, der ihm bekannt war. Je mehr Zeit verging, desto stärker fürchtete er sich und meinte, feindliche Indianer zu hören oder zu sehen. William betete, dass Gott ihm helfen möge, den Weg zurück zu den anderen zu finden, doch er fürchtete, Gott werde ihn nicht erhören. Er verdiente nicht, dass Gott ihm half.

Gegen Sonnenuntergang kam er dorthin, wo der Wald sich lichtete, und fand sich am Rand einer ausgedehnten Prärie wieder, die mit hochwachsenden Gräsern bedeckt war. Hier und da gab es Flecken, wo kleine Bäume und Büsche wuchsen. Durch die Prärie verlief ein Fluss, und William machte sich auf den Weg dorthin. Er war müde und durstig, denn er hatte seit dem Frühstück an jenem Morgen nichts mehr zu sich genommen.

Am Flussufer wuchsen viele Büsche. William näherte sich vorsichtig und hielt sein Gewehr im Anschlag, für den Fall, dass Gefahr drohte. Als er nur noch ein paar Schritte vom Ufer entfernt war, hörte er ein Rascheln, und plötzlich brach ein riesiger Büffel aus dem Unterholz. Diese Tiere durchzogen gewöhnlich in Herden die Prärie, aber manchmal wurde ein Tier von der Herde getrennt. Der Büffel hielt kurz inne; dann senkte er seinen gewaltigen Kopf und raste auf den Eindringling zu.

William richtete sein Gewehr auf das Tier, aber es war schon zu nah, so dass er nicht mehr gut zielen konnte. Der Schuss streifte den Büffel nur, was ihn noch wütender machte. Verzweifelt zog William sein Jagdmesser und hoffte, das Tier damit töten zu können. (Die damaligen Gewehre konnten nur einen einzigen Schuss abgeben und mussten dann umständlich wieder neu geladen werden.) Aber der Büffel schüttelte

ihn mit Leichtigkeit ab und warf ihn zu Boden. Dann drehte sich das gewaltige Tier um und setzte zu einem neuen Angriff an. In diesem Moment hörte William hinter sich den lauten Knall einer Büchse. Der riesige Büffel bäumte sich kurz auf und brach dann dicht neben William tot zusammen.

In der Abenddämmerung konnte William den Umriss eines Indianers erkennen. Er fragte sich, ob der Indianer ihm wohl freundlich gesinnt war oder nicht.

»Wenn der müde Jäger bis zum Morgen ruhen will, wird der Adler ihn den Weg zum Nest seiner weißen Taube führen«, sprach der Indianer.

Ohne ein weiteres Wort führte ihn der Indianer zu einem kleinen Lager in der Nähe des Flusses. Hier gab er William etwas Mais und Wildbret. Dann zeigte er ihm einige Felle, auf denen er schlafen konnte.

Die Morgendämmerung war noch nicht am Horizont aufgezogen, als der Indianer William aufweckte. Nach einem kurzen Frühstück brachen sie auf. Der Indianer ging mit einer Selbstsicherheit voraus, die William klar machte, wie gut er den Wald kannte. Sie gingen bis zum späten Nachmittag, als William in Sichtweite seines Hauses kam. Mit Freudentränen in den Augen wollte William gerade dem Indianer danken.

Der Indianer, dessen Gesicht William bis dahin nur im schummrigen Licht seines Wigwams gesehen hatte, blickte ihm nun in die Augen. William staunte: Es war ausgerechnet der Indianer, zu dem er vor ein paar Monaten so grausam gewesen war. Karkutschis Gesicht zeigte deutlich den Ausdruck eines würdevollen, aber milden Tadels, als er den verblüfften Farmer ansah; doch er sprach mit sanfter Stimme:

»Vor fünf Monden, als ich müde und matt war, hast du mich einen ›Indianerhund‹ genannt und mich fortgejagt. Ich hätte mich letzte Nacht dafür rächen können, aber die weiße Taube gab mir zu essen, und um ihretwillen habe ich dich verschont. Wenn du anderen Indianern begegnest, die in Not sind, dann tu ihnen, was ich dir getan habe. Karkutschi wünscht dir eine gute Heimkehr.«

Er hob seine Hand zum Gruß und wandte sich um, um zu gehen; William aber bat ihn eindringlich, zu bleiben. »Auch Mary würde dir sehr gerne danken«, sagte er.

Schließlich willigte Karkutschi ein, und der gedemütigte Farmer führte ihn zu seiner Hütte. Dort dankte Mary dem Indianer unter Tränen. Karkutschi wurde als Ehrengast und Bruder empfangen. Er besuchte die kleine Hütte am Waldrand danach noch oft. William, der früher voller Vorurteile über die Indianer gewesen war, hatte Karkutschi jetzt als Bruder lieb gewonnen. Der »heidnische Indianer« hatte William eine Lektion in Nächstenliebe gelehrt, die er schon längst selbst hätte beherrschen sollen. Der Herr benutzte dieses Erlebnis mit Karkutschi, um William zu zeigen, wie sehr sein eigenes Herz verdorben war. William erkannte, dass er in Gottes Augen ein Sünder war. Der Heilige Geist zeigte ihm, dass er das Blut Christi als Sühneopfer brauchte, und nach nur wenigen Monaten erwiesen er und Mary Sullivan durch ihre Worte und Taten, dass sie von neuem geboren waren.

Karkutschis Freundlichkeit wurde ihm hundertfach vergolten. Erst nach geraumer Zeit zeigte sich, dass sich auch in seinem Herzen etwas verändert hatte. Dem Herrn gefiel es, die Seele ihres Freundes durch die geduldige Belehrung von William und Mary Sullivan zu segnen. Er erhörte die Gebete der Sullivans und rettete Karkutschi.

Karkutschi war der erste Indianer, der von einem amerikanischen Missionar getauft wurde. Dieser kam etwa zwei Jahre später zu einer Missionsstation, die mehrere Meilen vom Haus der Sullivans entfernt lag. Nach mehreren Jahren des Bibelstudiums wurde Karkutschi Missionar unter den Indianern und brachte ihnen das Evangelium von Jesus Christus. Viele Jahre wirkte er unter seinem Volk, bis er starb und zu seinem Herrn und Heiland heimging. Er hinterließ ein klares Zeugnis der Liebe zu seinem Erlöser.

Frage: Was hatten Karkutschi und William gemeinsam, bevor sie den Herrn erkannten? Was hatten sie gemeinsam, nachdem sie den Herrn erkannten hatten?
Schriftlesung: 2. Samuel 9

Anregungen zum Gebet:
* Bitte Gott, dich an Geist und Leib zu bewahren und dir zu helfen, allen Menschen gegenüber fair und gerecht zu sein.
* Bitte Gott, dich deiner Sünde zu überführen, wenn du gemein zu anderen warst. Bitte ihn, dir zu zeigen, dass du wie auch jeder andere auf der Welt Christus brauchst.

9. Wie Gott die Piraten besiegte

Das englische Schiff Britannia segelte von London zu den Karibischen Inseln. Mit an Bord waren Missionare, die hofften, die dortigen Eingeborenen über Jesus Christus belehren zu können. Eines Tages erblickten sie ein Piratenschiff, das direkt auf sie zusteuerte. Sofort gab der Kapitän der Britannia seiner Mannschaft Befehl, das Schiff mit aller Macht zu verteidigen. Während sich die Mannschaft zum Kampf bereit machte, gingen die Missionare in ihre Kabinen, um zu beten. Sie wussten, dass dies das Beste war, was sie tun konnten.

Das Piratenschiff kam immer näher. Sobald es in Schussweite war, eröffneten die Piraten das Feuer und hielten ihre Enterhaken bereit. Das waren große, scharfe Eisenhaken, die an langen Seilen befestigt waren. Wenn die Piraten sie auf ein anderes Schiff warfen, hielten die Enterhaken das Schiff fest, damit die Piraten es entern und darauf rauben und morden konnten.

Der Kapitän des englischen Schiffs sah keine Chance zur Flucht. Sein Mut sank, als er daran dachte, was mit ihnen geschehen würde. Doch er wusste nicht, welch starke Helfer er in diesem Häuflein betender Missionare hatte. Inmitten all des Schlachtlärms stiegen die Gebete dieser Missionare zum Himmel empor.

Die Piraten wollten gerade die Enterhaken zur Britannia hinüberwerfen, da geriet ihr Schiff genau in diesem Moment gewaltig ins Schlingern, und die Männer, die die Enterhaken hielten, wurden ins Meer geworfen. Die Piraten versuchten es noch einmal, aber wieder geschah genau dasselbe. Dann versuchten sie, so lange auf die Britannia zu feuern, bis sie sank. Aber auch das gelang ihnen nicht: Mal gingen die Kanonenkugeln daneben und fielen ins Meer, mal blieb seltsamerweise dichter Pulverqualm vor dem Piratenschiff hängen, so dass sie nicht sehen konnten, wo das andere Schiff war. Nach einer letzten Runde von Geschützfeuer fegte eine plötzliche Windbö den Rauchvorhang weg, der das Piratenschiff eingehüllt hatte, und der Piratenkapitän sah zu seinem Erstaunen, dass der Wind die Britannia mit vollen Segeln von ihm fort und außer Reichweite getragen hatte.

Fünf Jahre später traf dieser Piratenkapitän die Missionare auf der Insel St. Thomas. Er war kein Pirat mehr, sondern Christ geworden. Er erzählte ihnen, dass die wunderbare Weise, auf die das englische Schiff ihm entkommen war, ihn erstmals dazu geführt hatte, sein böses Leben ernsthaft zu überdenken. Gottes Wege sind vollkommen.

Die Augen des HERRN achten auf die Gerechten und seine Ohren auf ihr Schreien. Wenn jene rufen, so hört der HERR und rettet sie aus all ihrer Bedrängnis. (Psalm 34,16.18)

Frage: Was taten die Missionare, und warum war das von entscheidender Bedeutung?
Schriftlesung: Psalm 34
Anregungen zum Gebet:

* Danke Gott dafür, dass er Gebete hört und auch erhört. Lobe ihn dafür, dass er über die ganze Welt herrscht. Danke ihm dafür, dass er alles richtig macht.
* Bitte den Herrn Jesus, dir zu zeigen, dass er der einzige Weg zum Vater ist und der Einzige, der uns ewiges Leben geben und vor der Hölle retten kann.

10. Der Missionar und die Hyäne

Bevor Samuel Gobat 1846 zum evangelischen Bischof von Jerusalem ernannt wurde, war er Missionar unter den Drusen, einer Volksgruppe im Libanon, und unter verschiedenen Stämmen in den wildesten Landstrichen Syriens. Eines Tages kam ein Bote von einem Stammesfürsten, einem Scheich, und bat ihn dringend, zu kommen, um ihm vom Glauben an Jesus Christus zu berichten. Das war eine gute Nachricht für den Missionar! Er ließ dem Scheich ausrichten, dass er ihn in den nächsten Tagen besuchen werde.

Am nächsten Tag jedoch wurde Samuel Gobat krank und konnte den Scheich nicht besuchen. Dieser sandte einen weiteren Boten mit einer noch dringenderen Aufforderung, zu kommen. Der Missionar ließ ihm sagen: »Ich werde Sie morgen besuchen!«, und traf die Vorbereitungen zur Reise. Gerade als er sein Haus verließ, traf jedoch ein Brief für ihn ein. Darin teilte man ihm mit, dass sein Schiff nach Malta, für das er eine Fahrkarte gelöst hatte, am Nachmittag des folgenden Tages ablegen werde. Was sollte er tun? Würde ihm genug Zeit bleiben, um dem heidnischen Scheich das Evangelium zu bringen?

Der Bote sagte ihm: »Wenn wir sofort losgehen, können Sie beim Scheich übernachten und das Schiff noch erreichen, wenn Sie am nächsten Morgen früh aufbrechen.« Also brach Samuel Gobat mit dem Boten und ein paar Einheimischen auf. Die Reise führte sie durch die Wälder und über die Berge. In einem der Dörfer auf dem Weg wurden sie mehrere Stunden aufgehalten, weil Samuel Gobat einen Schwerkranken besuchen musste. Dann verirrten sie sich, und es begann dunkel zu werden.

Die Führer sagten: »Wenn wir weitergehen, können wir das Dorf, in dem der Scheich wohnt, wohl noch bis Mitternacht erreichen; aber der Weg zum Dorf ist im Dunkeln gefährlich, weil er über das Gebirge führt.« Der Missionar dachte eine Weile nach. Es war gefährlich, das wusste er; aber er hatte den brennenden Wunsch im Herzen, dem Scheich von Jesus Christus zu erzählen, und sagte deshalb: »Lasst uns Gott vertrauen und weitergehen!«

So setzten sie ihren Weg fort, während der Mond aufging und ihnen den Weg erhellte. Vorsichtig gingen sie den schmalen Pfad entlang. Auf der einen Seite erhoben sich die Berge finster wie ein böses Omen; auf der anderen Seite gähnte ein dunkler, bodenloser Abgrund. Plötzlich sahen sie eine Hyäne auf dem Weg. Die Drusen, die den Missionar begleiteten, schrien sie an und warfen Steine nach ihr, bis sie fortrannte.

Sie waren froh, dass die Hyäne jetzt weg war, aber die Drusen sagten dem Missionar: »Wir können hier nicht weitergehen, denn bei uns gibt es das Sprichwort: ›Denselben Weg wie eine Hyäne zu gehen bringt Unglück.‹ Wir gehen keinen einzigen Schritt weiter!«

Samuel Gobat versuchte sie zu überreden, weiterzugehen, aber sie lehnten es ab.

Dann schlug der Bote des Scheichs dem Missionar vor: »Wir könnten in das Dorf zurückgehen, das wir gerade durchquert haben, dort übernachten und am nächsten Morgen in aller Frühe aufbrechen. Dann hätten Sie immer noch genug Zeit, um den Scheich

zu besuchen, bevor Sie zurückeilen, um das Schiff rechtzeitig zu erreichen.« Das schien allen eine gute Idee zu sein.

Statt aber in aller Frühe aufzustehen, verschliefen sie allesamt, weil sie übermüdet waren. Samuel Gobat war schwer enttäuscht. Er hatte dem Scheich von Christus erzählen wollen. Nun aber eilte er vom Berg zurück und erreichte sein Schiff gerade noch rechtzeitig. Er war sehr traurig, dass er diese Gelegenheit verpasst hatte.

Auf Malta empfing er einen Brief von einem Freund aus dem Libanon. Darin stand, dass dieser Scheich überhaupt kein Verlangen gehabt hatte, von dem Herrn Jesus Christus zu hören, sondern dass die ganze Sache eine Verschwörung gewesen war, um den Missionar zu ermorden. Man hatte ihn zum Scheich locken wollen, um ihn dort umzubringen.

Aber der Brief seines Freundes ging noch weiter. Als der Scheich erfuhr, auf welch wundersame Weise sein böser Plan zunichte gemacht worden war, überzeugte ihn dies davon, dass der Gott des Missionars der wahre Gott ist und sein bisheriger Glaube falsch war. Diese Erkenntnis bewirkte, dass der Scheich sich bekehrte.

Sind die Wege des Herrn nicht wunderbar? Er hat so viele Möglichkeiten, die Seinen zu bewahren und Sünder zu bekehren. Der Herr beschützte den Missionar und führte dadurch auch den Scheich zum Glauben.

Er wird dich mit seinen Fittichen decken, und unter seinen Flügeln wirst du dich bergen; seine Treue ist Schirm und Schild. (Psalm 91,4)

Frage: Wie entkam der Missionar dem Mordanschlag gegen ihn? Wozu führte das?

Schriftlesung: Psalm 91,3; 2. Timotheus 4,18; 2. Petrus 2,9

Anregungen zum Gebet:
- ✶ Bitte Gott, dich und deine Familie vor Gefahr zu bewahren. Danke ihm, dass er dich schon so oft behütet hat, selbst wenn du nicht einmal erkannt hattest, dass du in Gefahr warst.
- ❖ Bete, dass Gott dir zeigt, wie sehr du die Erlösung brauchst und dass er dir vergibt, wie oft du sein Wort gehört hast, ohne auf ihn zu vertrauen. Bitte ihn, dir ein neues Herz zu schenken.

Teil 2

Erstaunliche Bekehrungsgeschichten

11. Das russische Dienstmädchen

Vor vielen Jahren wohnte ein englischer Pastor namens Gordon mehrere Jahre lang mit seiner Familie in St. Petersburg. Die Gordons beschäftigten mehrere Russen als Hauspersonal. Eine dieser Hausangestellten war Irina, eine fröhliche, gescheite junge Frau von angenehmer Art, die ihre Arbeit gut erledigte.

Alles ging gut, bis im Frühling die Fastenzeit begann. Irina gehörte zur russisch-orthodoxen Kirche. Die Leute, die regelmäßig in diese Kirche gingen, nahmen ihre Religion sehr ernst. Dazu gehörte auch die Sitte, die Fastenzeit einzuhalten, und Irina sagte der Frau des Pastors, dass sie die ganze Fastenzeit hindurch gerne zweimal täglich zur Kirche gehen würde. Die Fastenzeit beginnt vierzig Tage vor Ostern am Aschermittwoch. Es ist eine Zeit der Buße, in der man Vergebung der Sünden sucht – leider meist durch Werke, das heißt durch das, was man tut, weil man meint, man könne auf diese Weise Gottes Gunst gewinnen.

Die Frau des Pastors antwortete Irina, sie könne nicht so oft zur Kirche gehen, weil sie gebraucht werde, um bei der Hausarbeit zu helfen.

»Wollen Sie, dass ich meine Seele verliere, gnädige Frau?«, rief Irina entsetzt.

»Nein, ganz und gar nicht!«, antwortete Frau Gordon. »Ich bete für die Errettung deiner Seele. Aber durch Fasten, Gebet und Kirchgang wird deine Seele nicht gerettet. Dazu muss noch viel mehr als das geschehen. Der Herr Jesus Christus ist der einzige Retter für Sünder, und es geschieht allein durch den Glauben an ihn, dass man gerettet wird.«

»Nun, das ist Ihr Glaube«, antwortete Irina, »aber ich wurde etwas anderes gelehrt. Ich muss meinem eigenen Glauben folgen.«

Frau Gordon hatte Irina und den anderen Dienern das Lesen beigebracht und jedem von ihnen ein russisches Neues Testament geschenkt. An einem Sonntagmorgen, als die Gordons sich fertig machten, zur Gemeinde zu gehen, bat Frau Gordon Irina, auf die zwei jüngsten Kinder der Familie aufzupassen. Sie bat Irina auch, das zehnte Kapitel der Apostelgeschichte zu lesen, während sie in der Gemeinde waren.

Irina machte es keine Mühe, auf die zwei kleinen Kinder aufzupassen. Sie spielten friedlich, und Irina setzte sich neben sie auf einen bequemen Stuhl. »Warum nur will Frau Gordon, dass ich gerade dieses Kapitel lese?«, fragte sie sich. Sie nahm ihr russisches Neues Testament und fand schnell Apostelgeschichte 10. Bald war sie von der Geschichte des Hauptmanns Cornelius völlig gefesselt. Als sie las, wie er fastete, betete und Almosen gab, freute sie sich. »Dieser Mann gehörte meinem Glauben an«, dachte sie froh. »Er glaubte, dass man fasten, beten und den Armen Almosen geben soll.«

Doch als Irina weiterlas, entdeckte sie, dass Gott Petrus zu Cornelius sandte, der ihm sagen sollte, was er tun müsse (Vers 6). Irina war verwirrt. Genügte es denn nicht, dass er betete, fastete und den Armen Almosen gab?

Sobald die Gordons von der Gemeinde zurück waren, fragte Irina Frau Gordon: »Das verstehe ich nicht: Warum musste Petrus zu Cornelius reden? Cornelius war ein guter Mann. Er fastete, betete und gab den Armen Geld. Warum war das nicht genug? Man hat mich nie gelehrt, dass ich noch mehr tun müsse.«

»Irina«, sagte Frau Gordon, »Lies das Kapitel einfach noch einmal gründlich, und du wirst herausfinden, warum Petrus zu Cornelius gesandt wurde.«

Irina ging in ihr Zimmer und las Apostelgeschichte 10 noch einmal. Als sie zu jenem wunderbaren Vers kam, in dem Petrus sagt: »Von diesem legen alle Propheten Zeugnis ab, dass jeder, der an ihn glaubt, durch seinen Namen Vergebung der Sünden empfängt« (Vers 43), da verstand sie es auf einmal. Zum ersten Mal in ihrem Leben erkannte sie ganz deutlich, wie wir durch Jesus gerettet werden müssen. Sie hatte den Weg zum Himmel entdeckt. Sie rannte die Treppe hinab und während ihr die Tränen die Wangen herunterliefen rief sie aus: »O gnädige Frau, jetzt verstehe ich's! Jetzt verstehe ich's! Nicht durch Fasten wurde der Hauptmann Cornelius gerettet; nicht indem er

Gebete aufsagte; auch nicht dadurch, dass er Almosen gab, sondern dadurch, dass er an Jesus glaubte, den Sohn Gottes! Ich habe es vorher noch nie verstanden, aber jetzt verstehe ich's!«

Der Heilige Geist hatte dem russischen Dienstmädchen Irina den Weg zum Himmel gezeigt. Dieser Weg ist Jesus Christus, und er spricht: »Ich bin der Weg und die Wahrheit und das Leben; niemand kommt zum Vater als nur durch mich« (Johannes 14,6).

Frage: Wodurch werden wir gerettet? Wer hat dies Irina gezeigt?
Schriftlesung: Apostelgeschichte 10
Anregungen zum Gebet:
- ✶ Bitte Gott um die richtigen Worte, wenn man dir Fragen über das Evangelium stellt.
- ❖ Bete, dass du allein auf Jesus Christus vertraust und darauf, dass sein Tod am Kreuz deine einzige Hoffnung auf Errettung ist und zum Heil allein und völlig genügt.

12. Gott segnet die Güte einer Frau

James und seine Mutter gingen Hand in Hand durch die stillen Straßen von Glasgow. Es war spät am Sonntagnachmittag, und obwohl nicht alle Bürger der Stadt zur Kirche waren, war es ruhig in der Stadt.

Als sie in Sichtweite der Kirche kamen, fielen James und seiner Mutter zwei junge Männer auf, die ihnen auf der Straße entgegenkamen. Sie trugen ihre Arbeitskleidung und waren unrasiert und dreckig. Außerdem waren sie betrunken. Als sie an der Kirche vorbeikamen, lachten die jungen Männer laut und begannen, ein schmutziges Lied zu singen. Viele der Kirchgänger waren schockiert und wünschten, die Polizei würde die beiden ins Gefängnis stecken.

Mrs. Allen aber beugte sich herunter und flüsterte ihrem Sohn zu: »James, lauf hinter diesen beiden Männern her und lade sie ein, neben uns in der Kirche Platz zu nehmen!«

James hatte die beiden jungen Männer schnell eingeholt und überbrachte ihnen die Nachricht seiner Mutter. Einer von ihnen lachte und begann zu fluchen, der andere aber hielt inne. Die freundliche Einladung überraschte ihn. Sein Freund wurde ungeduldig: »Verschwende deine Zeit nicht in der Kirche, Will! Die sind doch nichts als ein Haufen Heuchler!«

Er versuchte, Will mit sich mit zu ziehen, aber Will schüttelte ihn ab.

James wiederholte die Einladung: »Kommen Sie, Sir, und setzen Sie sich zu uns. Wir würden uns sehr freuen, wenn Sie mitkommen.«

Will schaute zu James herunter und sagte: »Als ich ein Junge wie du war, ging ich jeden Sonntag zur Kirche. Ich habe seit drei Jahren keine Kirche von innen gesehen, und darauf bin ich überhaupt nicht stolz. Ich glaube, ich werde mit dir kommen.«

James nahm die Hand des Mannes, als fürchte er, dieser könne sich umbesinnen, und führte ihn zurück zum Kirchengebäude. Wills Freund blieb auf der Straße stehen und rief ihm Flüche hinterher. Der Junge sah Will ängstlich an und hielt dessen Hand noch fester. Will lächelte gequält und sagte: »Na, dann sind wir jetzt wohl Freunde, was?«

James lächelte zurück: »Sie werden es nicht bereuen, zur Kirche zu gehen, Sir. Und meine Mutter wird sich sehr freuen!«

Der Pastor sprach über das Buch Prediger 11,1: »Sende dein Brot übers Wasser, so wirst du es nach langer Zeit wiederfinden.« Will hörte zu, schien aber bedrückt und traurig. Nach dem Gottesdienst eilte Will aus der Kirche hinaus, aber Mrs. Allen folgte ihm. »Haben Sie eine Bibel, junger Mann?«, fragte sie.

»Nein, Madam, aber ich kann eine besorgen«, entgegnete Will.

»Nehmen Sie die Bibel meines Sohnes, bis Sie Ihre

eigene bekommen«, drängte Mrs. Allen ihn. »Lesen Sie sie oft während der Woche und kommen Sie nächsten Sonntag wieder. Ich würde mich freuen, Sie wiederzusehen.«

Will steckte die Bibel in die Tasche und eilte davon.

An jenem Abend betete Mrs. Allen bei der Familienandacht ernstlich, dass Will sich bekehren möge. Während der Woche bat sie Gott beständig, den jungen Mann zu retten.

Der nächste Sonntag kam und der übernächste, aber Will tauchte nicht auf. Mrs. Allen sprach oft von ihm und war sehr traurig, dass er nicht wieder zur Kirche kam. Am dritten Sonntagmorgen aber, als die Gemeinde schon das erste Lied sang, betrat Will die Sitzreihe der Allens. Er war sauber gekleidet, aber bleich und abgemagert, als ob er sehr krank gewesen wäre. Mrs. Allen sah ihn besorgt an, kam aber auch um ein dankbares Lächeln nicht umhin, dass sie ihn wiedersah.

Sofort nach dem Schlusssegen legte Will James' Bibel hin und verließ die Kirche, ehe James oder seine Mutter ihn ansprechen konnten. Enttäuscht gingen sie heim. Geistesabwesend blätterte James durch seine Bibel und dann wieder zurück zu einer der leeren Seiten am Ende. Mit Bleistift hatte Will dort kurz notiert:

Ich möchte Ihnen dafür danken, dass Sie an meinem geistlichen Wohlergehen Anteil genommen haben. Ich bin krank gewesen, deshalb konnte ich an den letzten beiden Sonntagen nicht zur Kirche kommen. Ich möchte Sie bitten, weiter im Gebet an mich zu denken, da ich Schottland in ein paar Tagen verlassen werde, um in meine Heimat England zurückzukehren. Gott segne Sie und Ihren Sohn für die mir erwiesene Güte. W. C.

Die Jahre vergingen. Mrs. Allen wurde krank und ging in ihre himmlische Ruhe ein. James wurde erwachsen und wurde Arzt. Will hatte man vergessen.

James war inzwischen Sanitätsoffizier auf der »St. George«. Das Schiff ankerte vor der Küste Südafrikas. Eines Tages saß James mit ein paar anderen Offizieren und einem befreundeten Arzt, den er schon länger nicht gesehen hatte, beim Abendessen zusammen.

»Morgen ist Sonntag, James«, sagte Dr. Fielding. »Wir sollten in Kapstadt zusammen zum Gottesdienst gehen. Das wird uns an alte Zeiten erinnern, als wir zusammen die Kirche in Glasgow besuchten.«

Am nächsten Tag ging James mit seinem Freund Dr. Fielding zur Kirche. Nach dem Gottesdienst bat ihn ein Mann, der hinter ihm gesessen hatte, kurz seine Bibel anschauen zu dürfen. James hielt das für eine seltsame Frage, gab dem Mann aber seine Bibel. Dieser blätterte sie durch und gab sie zurück. James wandte sich um, um zu gehen, aber der Mann hielt ihn an.

»Bitte, Sir, kann ich kurz mit ihnen reden?« Der Mann schien etwa fünfunddreißig Jahre alt zu sein. Er war groß, schlank und adrett gekleidet.

»Sicher«, antwortete James und fragte sich, was der Mann wollte.

James führte ihn zu einer Bank in der Nähe, und als sie sich gesetzt hatten, sah der Mann James genau an.

»Sie sind James Allen«, stellte er lächelnd fest.

»Ja, das bin ich.«

»Sie haben als Junge in Glasgow gelebt.«

»Stimmt, das habe ich.«

»Haben Sie nicht einmal einen betrunkenen Sabbatschänder auf Bitten Ihrer Mutter zum Gottesdienst eingeladen?«

»Ja, daran erinnere ich mich«, antwortete James nachdenklich. Da plötzlich begriff er: »Sie sind Will!« Sein Gesicht strahlte auf, und er umarmte Will. »Meine Mutter hat Sie nie vergessen. Sie hat oft für Sie gebetet.«

»Lebt Ihre Mutter noch?«, fragte Will.

»Nein«, antwortete James traurig, »sie starb, als ich siebzehn war.«

»Das tut mir wirklich leid; doch ich weiß, dass sie jetzt bei Jesus ist. Ich hätte ihr so gerne dafür gedankt, dass sie einen so armseligen Kerl wie mich in die Kirche eingeladen hat. Sie sagen, sie hat oft für mich gebetet?«

Will kämpfte mit den Tränen, als er an Mrs. Allens Güte und Liebe dachte. In der nächsten halben Stunde erfuhr James Wills Geschichte:

Will wurde in eine glückliche Familie geboren, in der man ihn gut erzog und das Wort Gottes lehrte. Als er fünfzehn war, starb sein Vater. Nun war Will dafür verantwortlich, den Unterhalt der Familie zu verdienen. Er fand eine Arbeit, aber seine Kollegen waren gottlos, und Will geriet schnell auf ihre bösen Wege. Er ignorierte die Tränen seiner Mutter und verstockte sein Herz gegenüber ihren Warnungen und Bitten.

Bald darauf kündigte er und zog nach Schottland, wo er zwei Jahre lang ein sündiges Leben führte. »Als ich an jenem Sonntag Ihre Kirche verließ«, gestand Will, »kam ich mir so schäbig vor, so wie ich gelebt und meiner Mutter Kummer bereitet hatte! Ich sah, wie Sie und Ihre Mutter gemeinsam Gott anbeteten. Da musste ich daran denken, wie ich als Junge mit meinem Vater, meiner Mutter und meinen Schwestern zur Kirche ging.«

»Ich konnte an diesem Sonntagabend nicht einschlafen. Ich machte mir so große Sorgen über meine Sünden, dass ich krank wurde. Während ich gesund wurde, dachte ich viel nach, betete viel und las viel in Ihrer Bibel.«

»Als es mir wieder besser ging, kehrte ich nach England zurück. Ich ging zu dem Haus, in dem ich aufgewachsen war, musste aber feststellen, dass meine Mutter gestorben war.« Will beugte den Kopf und vergoss Tränen der Reue. »Als ich mein Zuhause mit sechzehn verließ, hätte ich nie gedacht, dass ich sie niemals wiedersehen würde. Die Sünde ist eine bittere Sache, James. Es ist wie mit dem Wein: ›Er gleitet leicht hinunter; zuletzt aber beißt er wie eine Schlange und sticht wie eine Otter‹ (Sprüche 23,31-32). Gott hat mir vergeben, James, aber die Folgen meiner Sünde tun immer noch weh.«

»Sie haben Vergebung bei Gott gefunden? Erzählen Sie mir, wie Gott Sie gerettet hat!«, forderte James ihn auf.

»Als ich erfuhr, dass meine Mutter tot war«, fuhr Will fort, »besuchte ich ihren Bruder. Er ist auch ein Gotteskind. Er hat meine Mutter sehr geliebt, und wenn ich ihr wehtat, tat ich auch ihm weh. Ich flehte ihn an, mir all die Schmerzen zu vergeben, die ich ihm angetan hatte. Liebevoll vergab er mir. Die Liebe Christi im Herzen dieses Mannes erweichte mein Herz. Ich verbrachte mehrere gesegnete Wochen bei ihm. Wir sprachen viel miteinander und studierten Gottes Wort; ich suchte Gottes Vergebung und wir erfreuten uns miteinander an Gottes Gnade.«

»Danach fügte es sich, dass ich ein Studium aufnahm, um in den geistlichen Dienst zu treten, und ich wurde Missionar. Ich bin jetzt schon einige Jahre hier in Südafrika. Es macht mir große Freude, im Dienst meines liebevollen, gnädigen Retters zu stehen.«

»Im selben Moment, als ich Ihre Bibel sah«, sagte Will lächelnd, »habe ich sie wieder erkannt. Deshalb bat ich Sie, sie mir ansehen zu dürfen. Wie ich sehe, steht die Notiz, die ich damals hineinschrieb, noch immer dort drin.«

»Sie sehen also, James, wie Gott durch seine unergründliche Liebe und große Gnade Ihre Mutter gebrauchte, um mich zu retten. Ich war ›ein Brandscheit, das aus dem Feuer herausgerissen ist‹ (Sacharja 3,2).«

»Ich freue mich, all das zu hören«, antwortete James. »Ich erinnere mich noch, dass der Pastor an jenem Sonntag in Glasgow über Prediger 11,1 sprach: ›Sende dein Brot übers Wasser, so wirst du es nach langer Zeit wiederfinden.‹ Genau das ist mit Ihnen und mir geschehen. Jetzt kann ich mich über das freuen, was Gott getan hat. Er benutzte die Einladung meiner Mutter, um Sie in die Kirche hineinzubekommen und um sein großes Werk in Ihnen zu beginnen. Ihre Geschichte beweist mir, dass ich Gott noch treuer dienen muss. Wie oft zweifeln wir an seiner Macht und sind fußlahm, wenn es darum geht, seinem Gebot zu gehorchen. Welch ein Wunder, dass Gott trotzdem treu ist!«

Frage: Als welches Tier wird die Sünde in Sprüche 23,32 beschrieben? Wie wurde Prediger 11,1 in James' Leben Wirklichkeit?

Schriftlesung: Sacharja 3

Anregungen zum Gebet:

✱ Bitte Gott, dich vor Sünde und Versuchung zu bewahren. Bete, dass deine Familie und Freunde Christus erkennen und dass Gott dich gebrauchen möge, sie auf sein Wort aufmerksam zu machen.

❖ Bete, dass du den Herrn anrufst, während er nahe ist, und dass du an den Herrn Jesus Christus gläubig wirst, solange du noch jung bist.

13. Carl, der Einbrecher

Carl lebte vor vielen Jahren in einer Großstadt in Australien. Er hatte vier Brüder und zwei Schwestern. Vom Tag seiner Geburt an war Carl anders als die anderen. Er war frech und ungezogen, und als er in die Schule kam, hatte er ständig Ärger. Immer wieder wurde Carl aus der Schule geworfen, weil er andere Kinder bestohlen hatte.

Am schlimmsten aber war, dass Carl anscheinend kein Gewissen besaß. Wenn er bestraft wurde, kümmerte es ihn nicht. Er fuhr fort zu stehlen und wurde darin immer geschickter.

Auf der Oberschule freundete Carl sich mit solchen Leuten an, die ihn auf seinen Abwegen noch bestärkten. Schon bald machte er sich zur Gewohnheit, um Geld zu spielen und sich zu betrinken. Als Carl die Oberschule abgeschlossen hatte, bemühte er sich nicht um eine Arbeitsstelle. Er verbrachte seine Zeit damit, im Park zu sitzen und zu planen, wen er in der Nacht ausrauben könnte. Er wohnte immer noch bei seinen Eltern und bestahl sogar die eigene Familie. Seine Familienmitglieder mussten aufpassen, dass sie ihre Wertsachen vor ihm versteckten und verschlossen. Das führte in Carls Zuhause natürlich zu viel Ärger. Die ganze Familie schämte sich seinetwegen.

Carl scherte sich überhaupt nicht darum, dass seine Familie unter seinem bösen Lebenswandel litt. Es dauerte nicht lange, bis die Polizei hinter ihm her war. Darum verließ Carl sein Zuhause und achtete weder auf die Tränen seiner Mutter noch auf die Warnungen seines Vaters.

Ein paar Tage später fand die Polizei ihn und nahm ihn fest; aber man ließ ihn wieder laufen, nachdem man ihn lediglich streng verwarnt hatte.

»Das war ja lächerlich!«, dachte Carl. »Wenn man als Dieb immer so leicht davonkommt, werde ich noch größere Dinger drehen!« Innerhalb weniger Wochen lernte Carl einige Einbrecher kennen, die Berufsverbrecher waren. Sie verkauften ihre Beute; auf diese Weise kamen sie zu Geld. Einer von ihnen besaß eine Kneipe, in der viele dieser Männer um Geld spielten und tranken. Die übelsten Ganoven gingen dort rund um die Uhr ein und aus. Carl war gerne dort und er stahl gerne. Es machte ihm Spaß, die Spannung zu erleben, wenn er das Risiko einging, geschnappt zu werden.

In dieser Kneipe lernte Carl George kennen, einen jungen Mann, der schon als kleiner Junge zu stehlen begonnen hatte. Carl und George fingen an, gemeinsam auf Raubzug zu gehen.

Eine ihrer Lieblingsmaschen war, in einer dunklen Nacht hinauszugehen und an einem einsamen Ort zu warten, bis jemand vorbeikam. Wenn dieser Mensch allein unterwegs war und reich aussah, beraubten sie ihn. Carl ging dann auf den Mann zu und fragte ihn nach der Uhrzeit. Währenddessen schlich George sich von hinten an den Mann an und schlug ihn plötzlich auf den Kopf, so dass er bewusstlos wurde. Carl und George durchsuchten dann schnell seine Taschen, nahmen ihm Uhr und Ringe ab und rannten weg. Nur einziges Mal hatte Carl Angst bekommen, als George so stark zugeschlagen hatte, dass Carl dachte, er hätte den Mann vielleicht umgebracht.

An einem windigen Nachmittag gingen George und Carl in einem üblen Stadtviertel an einer kleinen Kirche vorbei. George unterbrach Carl, der ihm gerade erzählte, wie ein Freund in der Nacht zuvor mit einem Raubüberfall Erfolg gehabt hatte.

»Hör zu, Carl«, sagte er und zog ihn beiseite. »Ich will, dass du mir dabei hilfst, die Orgel aus dieser Kirche zu stehlen!«

Vielleicht denkst du jetzt: Was für eine seltsame Idee, eine Orgel zu stehlen! Aber Carl war egal, was er stahl, solange er etwas zu stehlen hatte. Für ihn war es eine neue Herausforderung. Sie begannen zu planen, wie sie die Orgel aus der Kirche herausbekommen konnten. Sie hatten keine Ahnung, wie groß die Orgel war oder wie es in der Kirche aussah; darum entschieden sie, dass es das Beste sei, wenn einer von ihnen diese Kirche besuchte. Auf einem Schild vor der Kirche stand, dass dort jeden Donnerstag ein Männerabend stattfand.

»Mich kriegen keine zehn Pferde in so eine Versammlung, Carl«, sagte George. »Also wirst du hingehen.«

»Ich bin auch nicht gerade scharf darauf, die Kirche zu besuchen«, antwortete Carl. »Aber wenn du darauf bestehst, werd ich's tun.«

Der Donnerstag kam, und Carl erschien zum Männerabend. Er war sehr überrascht, dort viele Leute zu treffen, die er von früher kannte: Diebe und Glücksspieler. Der Pastor der kleinen Kirche war ein junger Mann, den der Herr gebraucht hatte, um diese Männer und viele andere, die vorher auf bösen Wegen gewandelt waren, zur Bekehrung zu führen. Das Treffen begann mit Singen. Dann wurden Kaffee und Kekse gereicht. Ein paar Männer fragten Carl dies und das, aber er war nicht in der Stimmung, Nettigkeiten auszutauschen. Er hatte eine Möglichkeit entdeckt, die Orgel zu stehlen. Carl war etwas mulmig zumute. Er wünschte, er hätte Georges verrückter Idee nicht so schnell zugestimmt. Außerdem ließ ihn die Frage nicht los, was diese ehemaligen Diebe an dieser alten Kirche so interessant finden konnten.

Der Prediger begann seine Ansprache. Carl hörte zuerst nicht zu. Er lehnte sich in seinem Stuhl zurück und versuchte auszuknobeln, durch welche Tür sie versuchen sollten, die Orgel herauszubekommen. Doch diesen Plan dachte er nie zu Ende. Die Worte des Predigers unterbrachen seine Gedanken, und Gott benutzte diese Worte, um Carl zu zeigen, welch schlimmer Sünder er war. Er wurde wegen seiner Bosheit so sehr von Scham und Angst erfüllt, dass er auf die Knie fiel und Gott laut um Erbarmen anflehte.

»Ich kann nicht genau sagen, wie es geschah«, erklärte Carl später einem Freund. »Als ich in diese Kirche ging, war ich ein Glücksspieler, ein Trunkenbold, ein Dieb und Einbrecher; ich war der schlimmste Sünder der Stadt. Als ich herauskam, war ich ein neuer Mensch. Das Alte war vergangen, alles war neu geworden.«

Carl war also vom Heiligen Geist aufgehalten worden. Gott zeigte ihm, dass sein Herz böse war. Zur rechten Zeit zeigte Gott ihm auch, dass er die Welt geliebt hat, indem er seinen einzigen Sohn sandte, um stellvertretend für die, die an ihn glauben, zu sterben. Carl war allezeit über das große Wunder erstaunt, dass Gott einen so schlimmen Sünder wie ihn liebte. Er hatte der Sünde und dem Satan von ganzem Herzen gedient; Gott aber hatte es gefallen, dem ein Ende zu machen und Carl vor dem ewigen Tod zu retten.

Du kannst dir denken, wie schockiert Carls Freunde waren, als sie dies erfuhren. Carl hatte geplant, in dieser Woche noch drei Raubüberfälle zu verüben, und natürlich weigerte er sich jetzt, das zu tun. Die Polizei erfuhr ebenfalls von Carls Umkehr. Sie fragten den Pastor, ob das wahr sei, und warnten ihn, dass man Carl nicht trauen dürfe. Sie dachten, es sei einer seiner Tricks.

Die Polizei irrte sich. Dass Carls Leben sich komplett geändert hatte, erwies sich bald auf vielerlei Weise von selbst. Carl fand einen Job und arbeitete ehrlich für sein Einkommen. Etwas später schenkte der Herr Carl eine gläubige Ehefrau. Zusammen dienten sie Gott und erzählten oft anderen vom Herrn. Carl ging oft zu seinen früheren Freunden und sagte ihnen, dass es in dem Herrn Jesus Rettung für Sünder gibt. Gott segnete Carls Mühen, indem sich auch viele dieser verhärteten Sünder bekehrten.

Frage: Worum bat Carl Gott, als er erkannte, dass er ein Sünder war? Wie bewies er, dass sich sein Leben wirklich verändert hatte?
Schriftlesung: Lukas 23,39-43
Anregungen zum Gebet:
* Bete für die Mission unter Gefangenen. Bete, dass Christen im Gefängnis fähig sein mögen, in einem schwierigen Umfeld für Gott einzustehen.
* Bitte Gott, dir zu zeigen, dass auch du ein Gefangener bist, wenn du nicht auf Christus vertraust. Bitte Gott, der Sünde die Macht zu nehmen, die sie über dich hat.

14. Ins Netz gegangen!

Vor vielen Jahren sandte Gott einen Prediger in ein Fischerdorf. Die meisten Dorfbewohner fuhren jeden Tag mit ihren Booten zum Fischen hinaus, außer am Sonntag, dann gingen sie in die Kirche.

In diesem Dorf lebte jedoch ein alter Fischer, der schon immer sehr grob und gottlos gewesen war. Er missachtete den Tag des Herrn, ging nie zur Kirche, fluchte denen ins Gesicht, die mit ihm über geistliche Dinge zu reden versuchten, und polterte aus jedem erdenklichen Grund laut los.

Nachdem der Prediger in diesem kleinen Dorf angekommen war, begann er zusammen mit einem der Ältesten alle zu besuchen. Als er zum Haus jenes alten Fischers kam, warnte ihn der Älteste: »Wenn du nicht hören willst, wie Gottes Name missbraucht und sein Wort verspottet wird, dann geh nicht dort hin. Es hat keinen Zweck, mit diesem Mann über Glaubensfragen zu reden.«

Der Prediger aber war anderer Meinung. Er sagte zu seinem Ältesten: »Gott hat die Augen eines Blinden mit Schlamm vom Erdboden geöffnet. Vielleicht bin ich der ›Schlamm‹, den Gott für diesen alten Sünder benutzen will. Wenn er weiter verstockt bleibt, dann habe ich zumindest meine Pflicht getan. Lass uns gehen. Vielleicht wird Gott es segnen.«

Als beide das Haus betraten, sahen die den grauhaarigen Mann auf einem groben Stuhl sitzen und ein Fischernetz flicken. Er empfing die Männer mit einem strengen, kalten Blick und sagte kein Wort. Der Prediger, der ein sehr freundlicher Mann war, stellte ihm Fragen über das Fischen – über seine Netze, seine Boote und vieles andere.

Solche Worte überraschten den alten Fischer und sein Stirnrunzeln verwandelte sich in ein Lächeln. Nichts liebte er mehr, als Geschichten über seine Fischzüge zu erzählen und Leute um sich zu haben, die von seinen Erfahrungen auf See hören wollten. Der Prediger unterhielt sich so eine volle Stunde mit ihm, dann stand er auf, um zu gehen.

»Kommen Sie wieder, unser Gespräch hat mir gefallen!«, sagte der alte Fischer zum Prediger. »Nichts liebe ich mehr, als übers Fischen zu reden.«

»Ich kann verstehen, dass Sie Ihre Arbeit lieben«, sagte der Prediger. »Ich liebe meine Arbeit auch. Möchten Sie nächsten Sonntag kommen und hören, was ich in der Kirche über meine Arbeit sagen werde?«

»Niemals!«, entgegnete der alte Fischer. »Daran bin ich nicht interessiert. Ich bin mit Leib und Seele Fischer.«

»Ich verspreche Ihnen, am nächsten Sonntagmorgen übers Fischen zu reden, wenn Sie versprechen, dann in der Kirche zu sein«, antwortete der Prediger.

Der alte Mann erklärte sich dazu bereit, denn der Prediger schien das Fischen zu lieben. »Wenn Sie aber anfangen sollten, über etwas anderes zu sprechen, werde ich auf der Stelle hinausgehen!«, drohte er.

Am Sonntagmorgen war der raue alte Fischer in der Kirche – und das ganze Dorf wunderte sich! Der Prediger sprach über Markus 1,16-18:

> Als er aber am See von Galiläa entlangging, sah er Simon und dessen Bruder Andreas; die warfen das Netz aus im See, denn sie waren Fischer. Und Jesus sprach zu ihnen: Folgt mir nach, und ich will euch zu Menschenfischern machen! Da verließen sie sogleich ihre Netze und folgten ihm nach.

Mit offenen Augen und Ohren hörte der alte Fischer zu. Kein einziges Wort entging ihm. Als der Prediger zur Anwendung des Textes kam, ermahnte er alle Sünder ernstlich, zum großen Menschenfischer zu fliehen, zu Jesus Christus. Gott segnete diese Predigt an der Seele des alten Fischers. Gottes Wort drang in das verstockte Herz dieses alten Mannes. Er konnte sich nicht mehr zurückhalten und rief laut in der Kirche aus: »Ich bin Ihnen ins Netz gegangen!«

Der Prediger hielt inne und sagte dann: »Dann sind Sie mir also ganz so ins Netz gegangen, wie ich es mir wünsche? Möge Gott in seiner Gnade Ihnen heraushelfen und Sie frei machen!« Danach kam der alte Fischer den Prediger oft besuchen, aber nicht, um über das Fischen zu reden, sondern darüber, dass er Erlösung von der Sünde brauchte. Gott segnete diese

Besuche, und Jesus Christus wurde die Hoffnung und Rettung dieses einst verstockten Sünders.

Frage: Erweist du Gottes Boten und ihrer Botschaft Wertschätzung? Inwiefern sind Gottes Boten wie Fischer?

Schriftlesung: Matthäus 4,18-22

Anregungen zum Gebet:

✶ Bete für deine Gemeindeleiter. Bitte Gott, sie zu stärken und für sie zu sorgen. Bitte ihn, sie und ihre Familien zu beschützen.

❖ Bete, dass du auf Christus vertraust, dir das Heil zu schenken und dich davor zu bewahren, dein Herz zu verstocken.

15. Coveys Verlust und Gewinn

Covey war ein Seemann, und das war er gerne. Schon als Junge hatte er die Bücher seines Vaters über Schiffe verschlungen und sich vorgestellt, selbst einmal als starker, mutiger Seemann mit einem Schiff auf See zu sein. Nie aber hätte er gedacht, einmal auf See schwer verwundet zu werden. Doch genau das war geschehen: In einer Seeschlacht hatte er beide Beine verloren und jetzt hatte der Arzt wieder schlechte Neuigkeiten für ihn: »Wir müssen noch weiter amputieren, Covey.«

Der Seemann fluchte. »Ich fürchte, Ihre Scheren müssen zu Ende bringen, was die Kanonenkugel begonnen hat.«

»Es tut mir leid, aber so muss es sein, mein tapferer Freund«, antwortete der Arzt.

»Nun denn, sei's drum!«, sagte Covey. »Ich habe zwar beide Beine verloren und werde vielleicht auch mein Leben verlieren, aber«, fuhr er fort und gab einen schrecklichen Fluch von sich, »wir müssen die Holländer schlagen! Wir müssen die Holländer schlagen!«

Covey war ein guter Seemann, denn er fürchtete keine Gefahr. Ebenso wenig aber fürchtete er die Sünde. Etwa zwei Wochen vor der Schlacht zwischen den Engländern und den Holländern hatte Covey geträumt, dass ihm während des Kampfes plötzlich

beide Beine weggeschossen und er dann wahnsinnig würde. Dieser Traum jagte ihm so viel Angst ein, dass er dachte, er sollte versuchen zu beten. Er mochte aber nicht beten, weil er es nicht mochte, über Gott nachzudenken. Sein Gewissen sagte ihm, dass Gott zornig auf ihn war. Covey dachte, er könnte diese düsteren Gedanken dadurch vertreiben, dass er mit den anderen Seeleuten trank und lästerte. Trotzdem konnte er diese Gedanken nicht aus dem Kopf bekommen. Tag und Nacht musste er an Gott denken, an den Tod und die Hölle. Bald jedoch verflogen diese Gedanken, als die niederländischen Schiffe in Sicht kamen und die Seemänner von den Heldentaten sprachen, die sie vollbringen wollten.

Kurz vor Beginn der Schlacht befahl der edle Admiral seinen Männern, sich flach aufs Deck zu legen. Dadurch hoffte er, das Leben seiner Seeleute zu retten. Der Admiral meinte, sie könnten besser auf die Holländer zielen, wenn sie nahe genug heran gekommen seien. Inzwischen hatte der verstockte, gottlose Covey alle Furcht verloren, die ihn noch vor ein paar Tagen gequält hatte. Er verfluchte und verspottete die Seemänner, die auf dem Deck lagen. Covey wollte dem Befehl des Admirals nicht gehorchen, aber als er sah, dass ein Offizier neben ihm stand, wagte er keinen Ungehorsam. Darum lehnte er sich über ein Fass, das in der Nähe stand, und wartete auf das Kommando, auf die holländischen Schiffe zu feuern. Er wollte beweisen, dass er keine Angst hatte!

Endlich ertönte der Befehl zu feuern. Genau in dem Moment, als Covey aufstand, riss ihm eine Kanonenkugel ein Bein und den Großteil des anderen weg. Das geschah so plötzlich, dass er es gar nicht mitbekam, bis er auf dem Deck aufschlug.

Nachdem der Arzt das amputiert hatte, was von seinen Beinen noch übrig war, dachte er über seinen Traum nach. Er sagte sich: »Wenn sich der erste Teil meines Traums erfüllt hat, dann wird sich wohl auch der Rest erfüllen!« Er begann sich deswegen so sehr zu fürchten, dass es schon ein Wunder war, dass er nicht tatsächlich den Verstand verlor.

Einige Zeit später wurde Covey aus dem Hospital entlassen. Er ging mit Hilfe von zwei Holzbeinen und zwei Krücken. Er war sehr beunruhigt, denn er fürchtete, Gott könne ihm mit Recht nicht nur seine Beine nehmen, sondern auch den Verstand und die Seele.

Am nächsten Sonntagabend ging Covey in die Orange-Street-Kapelle in Portsea. Der Pastor predigte über Markus 5,15: »Als sie nun zu Jesus gekommen waren, sahen sie den früher Besessenen ruhig dasitzen, bekleidet und ganz vernünftig, ihn, der die Legion unreiner Geister in sich gehabt hatte.« Der Pastor erklärte, dieser Mann sei ein Beispiel für alle Sünder. Als der Mann aber zu Jesu Füßen saß, nachdem er gerettet worden war, sei er das Beispiel eines Sünders, der sich durch das Evangelium zu Gott bekehrt hat, Seelenfrieden genießt und Unterweisung von Jesus empfängt, dem Freund der Sünder.

Covey horchte überrascht auf: »Ich frage mich, wer dem Pastor alles über mich erzählt hat! Woher wusste er, dass ich heute Abend in der Kirche bin? Warum hat er eine Predigt geschrieben, in der sich alles um mich dreht, einen armen Seemann auf Holzbeinen?« Das konnte er einfach nicht verstehen. Er erinnerte sich an seine Sünden, was ihn mit Grauen erfüllte. Für ein paar Minuten war er völlig verzweifelt. Er dachte, er müsse sterben und verloren gehen. Dann aber hörte er, wie der Pastor sagte, dass Jesus Christus ebenso den allerschlimmsten Sünder retten könne wie er den vom Teufel Besessenen retten konnte. Er sagte, wenn jemand an Jesus glaube, werde er auch wieder zu klarem Verstand kommen.

Plötzlich verstand Covey, was sein Traum bedeutete. Geistlich gesehen hatte er schon sein ganzes Leben lang den Verstand verloren. Wenn er den Herrn Jesus lieben und ihm dienen würde, dann würde er wieder zur Vernunft kommen. Jetzt war er überglücklich. Als er von Jesu erstaunlicher Liebe zu Sündern hörte, verwandelten sich Coveys Verzweiflung und Grauen in Hoffnung und Freude. Jesus war gestorben, um verdorbene Sünder zu retten!

Ein paar Wochen später besuchte Covey den Pastor. Covey erzählte ihm nicht nur von seinem Leben als Seemann, sondern auch von seinem ersten Sonntag in dieser Kirche. Welche Überraschung war es für ihn, als der Pastor sagte, er habe Covey vor diesem Besuch weder gekannt noch diese Predigt seinetwegen gehalten. Obwohl sie genau das beinhaltet hatte, was Covey brauchte. Ungefähr ein Jahr später wurde Covey Mitglied der Gemeinde.

Die Jahre vergingen, und eines Tages war Coveys letzte Stunde gekommen. Der Pastor besuchte Covey, als er erfuhr, dass er krank war. Als der Pastor den Raum betrat, rief Covey aus: »Komm herein, du Mann Gottes! Ich habe gehofft, dass du kommst, damit ich dir sagen kann, wie glücklich ich bin. Ich denke, dass ich bald sterben muss, aber der Tod macht mir keine Angst mehr. ›Der Stachel des Todes ... ist die Sünde ... Gott aber sei Dank, der uns den Sieg gibt durch unseren Herrn Jesus Christus!‹ (1. Korinther 15,56-57). Ich gehe in den Himmel ein! Oh, was hat Jesus für mich getan, den ›schlimmsten der Sünder‹!« (1. Timotheus 1,15).

Früher meinte ich, es sei schwer zu sterben; jetzt aber finde ich es leicht. Ich bin froh über Gottes Liebe. Bald werde ich mein sündiges Herz los und für immer bei Gott sein! Ich denke heute ganz anders über Gott, über mich und über die Ewigkeit als damals, als ich auf dem Schiff meine Beine verlor. Wie wertvoll war doch dieser Verlust für mich! Ach, mein lieber Pastor: Wenn ich gestorben bin, halte bitte eine Predigt für einen armen Seemann! Sag es anderen, besonders Seemännern, die ebenso unwissend und böse sind, wie ich es war, dass das elende Lästermaul Covey Gnade vor Gott gefunden hat – durch den Glauben an das Blut Christi! Sag ihnen: Wenn selbst ich

Gnade fand, dann muss niemand verzweifeln, der sie sucht. Du weißt natürlich besser als ich, was du ihnen sagen musst; aber sag es mit Ernst und Nachdruck! Möge der Herr geben, dass meine bösen Nächsten und Seemannskameraden ebensolche Gnade finden wie Covey!«

Er sagte noch vieles mehr; bald danach aber rief ihn sein Herr zu sich. Als Covey in den Himmel einging, waren seine letzten Worte: »Halleluja! Halleluja!«

Frage: Wovon werden Christen erlöst, wenn sie zum Herrn in den Himmel kommen?
Schriftlesung: Markus 5,1-20
Anregungen zum Gebet:
* Bete für die, die Gott als Prediger und Hirten begabt hat. Bitte Gott, dass sie ihre Aufgabe treu erfüllen und seinem Wort gehorsam sind.
* Bitte Gott, dass du den Ermahnungen in seinem Wort gehorchst, dass er dich vor Sünde bewahrt und dein Leben so gebraucht, wie er will.

16. Gott verändert einen Seemann

Jerry Creed wurde 1753 in der Nähe von Gravesend in England geboren. Seine Eltern kümmerten sich kaum um ihn; darum lernte er schon früh in seinem Leben, für sich selbst zu sorgen.

Schon von Kindesbeinen an träumte Jerry davon, ein Seemann zu werden. Er wollte seinem elenden Dasein entfliehen, indem er Abenteuer auf hoher See suchte. Endlich fand er Arbeit auf einem Schiff namens *Marquis of Rockingham*. Er würde Seemann werden, und er war auf dem Weg nach Indien!

Aber die Reise verlief nicht wie geplant. Die *Marquis of Rockingham* erlitt vor der Malabarküste im Südwesten Indiens Schiffbruch. Dabei verlor Jerry alles, ausgenommen die Kleider, der an seinem Leib trug. Er machte sich auf und durchquerte Indien über 600 Kilometer weit und schlug sich als Bettler durch, bis er zu einer Hafenstadt gelangte, die von den Briten besetzt war. Dort trat er der britischen Marine bei. Das war sehr riskant, aber er hatte keine andere Wahl. Er kämpfte in vielen schweren Schlachten, aber Gott bewahrte ihn, obwohl Jerry nie Gottes Hilfe suchte. Rund um ihn her starben seine Kameraden in großer Zahl, was Jerry dazu verführte, sich seines »Glücks« zu rühmen. Für ein paar Jahre prahlte er vor den anderen Seeleuten damit, wie oft er dem Tod nur knapp entronnen war; niemals aber dankte er Gott dafür, dass er ihn auf so bemerkenswerte Weise verschont hatte.

Als Jerry das Seefahrerleben leid war, quittierte er den Dienst und kehrte nach Gravesend zurück, wo er heiratete und ein kleines Haus kaufte. Er verdiente seinen Lebensunterhalt als Fährmann. Das heißt, er steuerte ein Boot, das Menschen und Güter an verschiedene Orte entlang des Flusses brachte.

Jerry war schon immer ein böser Mann gewesen, aber jetzt wurde er noch schlimmer als je zuvor, so dass er als »der böse Jerry Creed« bekannt wurde. Er fluchte in jedem einzelnen Satz, den er sagte. Er war ein Trunkenbold, und wenn er sich betrank, wurde er gewalttätig. Es war eine Schande, wie er seine Frau behandelte. Sein Herz war voller Feindschaft gegen Gott, und er hasste Gottes Volk.

Einmal, als Jerry ein Boot steuerte, waren einige christliche Passagiere an Bord, die ein Loblied auf Gott zu singen begannen. Das machte Jerry so wütend, dass er versuchte, ihren Gesang zu übertönen, indem er sie und sich selbst so laut er konnte verfluchte. Die Passagiere ignorierten ihn. Jerry sah zu, dass er so schnell wie möglich von Bord kam, und selbst dann fluchte er immer noch und lästerte Gott.

Der Apostel Paulus schreibt in 1. Timotheus 1,13: »... der ich zuvor ein Lästerer und Verfolger und Frevler war. Aber mir ist Erbarmung widerfahren ...« Jerry

Creed war ein Lästerer. Er war ein Feind Gottes und seines Volkes. Aber er fand Gnade.

Jerry war betrunken, als er eines Abends in einen kleinen Laden torkelte. Er musste ein paar Dinge kaufen. Während er darauf wartete, dass der Verkäufer die Waren einpackte, fluchte er fortwährend. Der Verkäufer schüttelte traurig den Kopf. Er hatte Mitleid mit diesem unzufriedenen Mann und wollte ihm helfen. Er wusste, dass es keinen Zweck hätte, Jerry etwas zu sagen, so lange er derart betrunken war, aber er hatte eine Idee. Er nahm ein Büchlein mit der Geschichte des Seemanns Covey und steckte es in Jerrys Manteltasche. »Mein Freund«, sagte der Kaufmann, »du scheinst ein Großhändler in Sachen Sünde zu sein. Lies dieses Büchlein morgen früh, falls Gott dich bis dann verschont.«

Jerry konnte sich nicht erinnern, wie er an jenem Abend nach Hause gelangt war, aber er erinnerte sich an den Kaufmann. Er zog das Büchlein aus der Tasche und las es. Dabei öffnete der Geist Gottes ihm das Herz, so dass er die Wahrheit annahm. Bevor dieser Covey sich bekehrt hatte, war er Jerry Creed sehr ähnlich gewesen. Jerry las die kurze Geschichte mehrmals. Je länger er sie las, desto mehr wurde er der Tatsache überführt, dass sein Leben ein einziger, schlimmer Aufstand gegen Gott war. Und da tat Jerry etwas, an das er vorher nicht einmal im Traum gedacht hätte: Er bat Gott um Gnade!

Gleich am nächsten Sonntag ging Jerry zur Kirche.

Er konnte sich nicht erinnern, wann er das zuletzt getan hatte, aber er spürte, dass er dort hingehen musste. Es fiel ihm allerdings nicht leicht. Jerry hatte als tapferer Seemann an vielen Schlachten teilgenommen, aber den ersten Schritt auf den Weg Gottes zu lenken, war schwerer als alles andere, was er je zuvor getan hatte. Er fürchtete, man würde ihn nicht willkommen heißen, da er sich ja genau diesen Leuten gegenüber so schrecklich verhalten hatte. Satan versuchte alles, um Jerry von Gott und seinem Wort fernzuhalten, aber gegen Gottes Ratschluss der Gnade konnte er nichts tun!

Langsam näherte Jerry sich der Kirche. Er wagte nicht hineinzugehen. Er schämte sich so sehr! Er verdiente kein Erbarmen. Er wartete, bis der Gottesdienst angefangen hatte, betrat dann den Eingangsbereich, aber nicht den Hauptsaal. So konnte er die Predigt hören, ohne dass ihn jemand bemerkte.

Das tat Jerry mehrere Wochen lang. Schließlich wagte er sich eines Sonntags bis in den Hauptsaal vor und setzte sich in die letzte Bankreihe. Er saß dort mit den Ellenbogen auf der Lehne der Vorderbank, stützte den Kopf auf die Hände und hielt die Augen fest auf den Pastor gerichtet. Unter der Macht des Wortes Gottes begann er zu zittern und ihm kamen große Tränen. Er wischte sie weg, aber bald darauf folgten noch mehr Tränen, die seine vom Wetter gegerbten Wangen herabliefen.

Es waren Tränen der Reue. Er merkte, dass er gegen einen gütigen und gnädigen Vater gesündigt hatte. Er wunderte sich, welche Geduld Gott mit ihm gehabt hatte, einem abscheulichen Lästerer. Jetzt aber, als er sich daran erinnerte, wie oft er dem Tod nur knapp entronnen war, staunte er darüber, wie Gottes Gnade ihn bewahrt hatte.

Jerry ging weiterhin zur Kirche und er lernte den Weg des Heils kennen. In dem Herrn Jesus Christus fand er den Freund, den er brauchte – jemand, der willens und fähig war, ihn vollkommen zu retten. Jerry wurde dahin geführt auszurufen: »Herr, rette mich, einen armen, verlorenen Sünder!« Das folgende Lied beschreibt Jerrys Hoffnung, dass Jesus allein ihn retten kann:

Jesus, to Thee alone I fly,
And wilt Thou let a sinner die
Whilst trusting in Thy sacred blood?
I seek no other way to God.
Thy tender heart will surely forgive,
And bid a trembling sinner live;
For all that come, Thy grace is free,
For Saul, and Magdalene, and me!

Jesus, zu dir allein fliehe ich;
würdest du wohl einen Sünder umkommen lassen,
der auf dein heiliges Blut vertraut?
Ich suche keinen anderen Weg zu Gott.
Dein zartes Herz wird gewiss vergeben
und einem zitternden Sünder Leben schenken;

Trotz allem komm, deine Gnade ist frei
für Saulus, Maria Magdalena und mich!

Jerry Creed wurde ein völlig anderer Mensch, denn er war eine neue Schöpfung in Christus geworden (2. Korinther 5,17). Er besuchte treu die Gottesdienste und Gebetsversammlungen und weigerte sich, am Sonntag zu arbeiten, obwohl er sonst sonntags mehr Geld verdient hatte als an allen übrigen Tagen der Woche zusammen. Diesen Zusatzverdienst gab Jerry freiwillig auf, um den Feiertag zu heiligen.

Als Jerry 66 Jahre alt war, war er nicht mehr stark genug, um arbeiten zu können. Gott aber sorgte für ihn: »Trachtet vielmehr zuerst nach dem Reich Gottes und nach seiner Gerechtigkeit, so wird euch dies alles hinzugefügt werden« (Matthäus 6,33). Einer von Jerrys Verwandten starb und hinterließ ihm ausreichend Geld, so dass er mit seiner Frau bis zu seinem Tod ein angenehmes Leben führen konnte.

Jerry wurde sanft und freundlich und begegnete dem Hohn seiner Freunde mit Güte und Geduld. Nie mehr hörte man ihn zornig oder töricht reden. Das Verhalten seiner früheren Freunde erinnerte ihn daran, wie er selbst sich verhalten hatte, bevor Gott ihn gerettet hatte. Er redete ihnen dann zu und lud sie in die Gemeinde ein, wobei er hoffte und betete, dass sie gerettet würden. Selbst die, die ihn hassten, mussten eingestehen, dass Jerry ein völlig anderer Mann geworden war.

Jerry war ein wahrer Christ, der aus dem Tod zum Leben in Christus berufen wurde. Jede einzelne Tat seines Lebens bezeugte, dass Gott ihn aus der Finsternis zu seinem wunderbaren Licht berufen hatte (1. Petrus 2,9). Je länger er lebte, desto enger wandelte er mit Gott.

Am Abend vor seinem Tod ging Jerry zur Kirche, obwohl er unter Atemnot litt. Ehe die Sonne am nächsten Morgen aufging, war Jerry Creed in seinem ersehnten Heimathafen angelangt (Psalm 107,30). Auf seinem Grabstein steht über seinem Namen eingemeißelt: »ICH ABER HABE GNADE GEFUNDEN.«

Frage: Welche schrecklichen Dinge taten sowohl Paulus als auch Jerry, bevor sie den Herrn Jesus Christus kennen lernten?

Schriftlesung: Apostelgeschichte 26,12-32

Anregungen zum Gebet:

* Danke Gott dafür, dass er selbst schon dann für dich sorgte, als du noch nicht an ihn dachtest. Danke ihm dafür, dass er dich selbst dann schon liebte, als du ihn noch hasstest.
* Bitte Gott, dir seine Liebe ins Herz zu geben. Tu Buße über die Zeiten, als du wütend auf ihn und sein Wort warst, statt ihm zu gehorchen.

17. Jack Robbins, der Seemann

Max Taylor genoss stets seinen zehnminütigen Heimweg von der Arbeit. Oft traf er dabei immer wieder dieselben Leute, die ebenfalls nach einem langen Arbeitstag nach Hause gingen. Manchmal sah er auch unglückliche Gesichter. Heute fiel ihm ein englischer Seemann auf, der so gut er konnte mit Holzbein und Krücke über das Straßenpflaster humpelte. Der Seemann sah beständig auf Max Taylor und kam näher, als ob er mit ihm reden wolle. Als er bei ihm war, zog er den Hut und schüttelte Max Taylor die Hand; dabei flossen ihm die Tränen übers Gesicht. Max Taylor war wegen dieses ungewöhnlichen Verhaltens etwas verwirrt. Schließlich fragte ihn der Seemann: »Erkennen Sie mich nicht, Sir?«

Der Mann kam Max Taylor schon irgendwie bekannt vor, aber er konnte sich nicht an seinen Namen erinnern. Er schüttelte den Kopf: »Es tut mir leid, ich kann mich nicht erinnern.«

»Jack Robbins, Sir«, stellte sich der Seemann vor.

Da plötzlich fiel es Taylor ein: Jack Robbins war vor etwa zwanzig Jahren in seiner Sonntagsschulklasse gewesen! In der Tat, er hatte sich verändert. Er hatte ein Bein und ein Auge verloren. Sein Gesicht war mit vielen schlimmen Narben überzogen. »Was! Jack, bist du das wirklich?«

»Ja, ich bin derselbe Jack Robbins. Ich habe seitdem oft an Sie und Ihre freundlichen Warnungen gedacht. Ich werde meinen Sonntagsschullehrer nie vergessen.«

»Ich freue mich sehr, dich zu sehen, Jack«, sagte Max Taylor. »Ich bin jetzt auf dem Weg nach Hause. Komm doch einfach mit und iss mit meiner Frau und mir zu Abend! Ich würde sehr gerne deine Geschichte erfahren.«

Jack stimmte zu, und sobald das Abendessen vorbei war, saßen sie alle drei vor dem Kamin, und Jack begann, seine interessante Geschichte zu erzählen. »Wie lange ist es jetzt her, dass du fortgegangen bist?«, fragte Mrs. Taylor.

»Letzten Monat vor neunzehn Jahren, Madam«, antwortete der Seemann. »Ich erinnere mich sehr gut an diesen Tag.« Dann wandte Jack sich an Max: »Sie besuchten mich an dem Abend, bevor wir ausliefen. Sie warnten mich vor den Versuchungen, denen ich begegnen würde, und Sie beteten auch für mich. Sie beteten, dass ich vor Versuchungen bewahrt werden und mir auch dann die Unterweisungen, die ich in der Sonntagsschule gelernt hatte, zu Herzen nehmen möge, wenn ich weit weg von Daheim und der Gemeinde sein würde. Ich war ein leichtsinniger junger Mann, und Sie baten Gott, mir zu zeigen, in welcher Gefahr ich war. Dann befahlen Sie mich dem allmächtigen Gott an und beteten, dass ich gerettet werden möge.

Sie gaben mir eine Taschenbibel und sagten mir, ich solle sie jeden Tag lesen. Ich habe diese Bibel immer noch. Hier ist sie.« Er zog sie aus der Tasche und gab sie Mr. Taylor.

Max Taylor öffnete sie und erkannte vorn seine Handschrift mit dem Eintrag: »Diese Bibel ist ein Geschenk von Max Taylor an Jack Robbins, in der Hoffnung, dass er sie mit einem betenden Herzen lesen möge, wenn er fern der Heimat ist, und dass er ihre Lehren von Herzen wertschätzen und sein Leben im Gehorsam zu ihnen führen möge.«

»Jetzt erinnere ich mich«, sagte Max. »Du hast ein paar Jahre in meiner Klasse die Schulbank gedrückt, nicht wahr?«

»Ja, Sir, aber was Sie mir beibrachten, wurde daheim nicht unterstützt, so dass alle guten Eindrücke schnell verblassten. Mit etwa fünfzehn Jahren brach ich die Schule ab, weil ich die strengen Regeln dort nicht leiden konnte. Ich wollte frei sein. Ich trieb mich mit ein paar anderen Jungen auf den Straßen herum, und als sie beschlossen, zur See zu fahren, sagte ich, ich würde mit ihnen gehen.

Es war einfach, auf einem Schiff anzuheuern. Doch sobald ich an Bord war, war ich von lauter Versuchungen umgeben. Es gab dort keinen Sonntagsschullehrer, der mich gewarnt hätte, und ich las niemals meine Bibel. Ich schloss mich dem üblen Lebenswandel der anderen Seeleute an, und bald war ich genauso verdorben wie sie.«

»Ich hatte mir vorgestellt, dass das Seemannsleben aus jeder Menge Spaß bestehen würde, aber es war harte Arbeit. Außerdem hatte der Kapitän strenge Regeln aufgestellt, und wir wagten nicht, ihm ungehorsam zu sein. Obwohl mein Herz scheinbar verhärtet war, hatte ich doch manchmal Gewissensbisse. Ich wusste, dass ich am Tag des Jüngsten Gerichts keine Entschuldigung hätte, denn ich war fünf Jahre lang in der Sonntagsschule gewesen und besaß eine Bibel. Manchmal kam mir ein Bibelvers in den Sinn, den ich auswendig gelernt hatte, und das beunruhigte mich eine Zeitlang.

Den ersten Sonntag an Bord verbrachte ich mit den anderen beim Kartenspiel um Geld. Ich wusste, dass das falsch war, aber ich wagte nicht, anders zu sein als sie. Ich konnte mich nicht auf das Spiel konzentrieren, weil mir immer wieder diese Worte in den Sinn kamen, die mir regelrecht einhämmerten: ›Aber die Gottlosen gleichen dem aufgewühlten Meer, das nicht zur Ruhe kommen kann und dessen Wasser Schlamm und Schmutz aufwühlen. Kein Friede den Gottlosen!, spricht mein Gott‹ (Jesaja 57,20-21). Doch statt auf Gottes Wort zu hören, ignorierte ich es und weigerte mich, Buße zu tun. Ich schwor und fluchte lauter als die anderen, und oft war ich betrunken.«

»Nach sieben Jahren kam ich zu Besuch nach Hause. In diesen sieben Jahren war ich oft nur knapp dem Tod entronnen, aber Gott hatte es gefallen, mich zu verschonen. Als ich zu Hause ankam, erfuhr ich, dass mein Vater etwa sechs Monate zuvor gestorben war. Meine Mutter war schwer krank und konnte keinen

Arzt bezahlen. Ich war froh, ihr helfen zu können. Ich sorgte für sie und vergewisserte mich, dass sie die Medizin bekam, die sie brauchte, um wieder gesund zu werden.

Ich wollte Sie unbedingt treffen, Mr. Taylor, bevor ich wieder fuhr, aber ich wusste, dass Sie über meinen sündigen Lebenswandel nicht begeistert sein würden. Darum besuchte ich Sie nicht. Doch zwei Wochen bevor ich gehen musste, traf ich William Adams, der mit mir zusammen in der Sonntagsschule gewesen war. Er sagte Ihnen, dass ich in der Stadt sei, und Sie kamen gleich am nächsten Tag, um mich zu treffen. Allein Sie zu sehen war für mich, als stieße mir jemand einen Dolch ins Herz. Sie versuchten mir ernst zuzureden, aber ich wechselte jedes Mal bewusst das Thema. Dann beteten Sie mit mir, aber ich wollte auch das nicht hören. Ich erinnere mich, dass Sie mir unter Tränen ein paar Traktate und gute Bücher gaben. Sie sagten mir, ich solle sie gründlich lesen und über die Ewigkeit nachdenken. Erinnern Sie sich daran, Mr. Taylor?«

»Ja, Jack, ich erinnere mich. Am nächsten Sonntag sagte ich den Kindern, wie gefährlich es ist, das Wort Gottes zu missachten und böse Freunde zu haben. Ich nannte dich als warnendes Beispiel. Ich sagte ihnen, dass du ein netter Junge warst, als du noch jung warst, und dass du gerne zur Sonntagsschule gekommen bist, aber dass ein sehr schlimmer Mensch aus dir geworden ist, der überhaupt nicht mehr auf die Worte des Herrn achtet. Die Kinder waren von diesem Beispiel schwer beeindruckt. Am Ende der Stunde beteten wir zusammen für den ›armen Jack Robbins, den schlimmen Seemann‹. Ich bat Gott, die Kinder davor zu bewahren, diesem schlechten Vorbild zu folgen, und dass er Jack Robbins ein neues Herz schenken möge. Wenn ich mich nicht irre, hat der Herr dieses Gebet erhört.«

Jack antwortete: »Ich werde Ihnen immer für Ihre Gebete dankbar sein, Mr. Taylor. Manchmal dauert es lange, bis Gott die Gebete seines Volkes erhört, aber er vergisst sie nie. Er handelt immer zur rechten Zeit.

Als ich aufs Schiff zurückkam, schämte ich mich für mein Verhalten Ihnen gegenüber. Ich dachte, ich sollte die Traktate lesen, die Sie mir gegeben hatten. Ich war derart verdorben, Mr. Taylor, dass ich oft Witze über die ernsten Dinge machte, die ich las, so dass ich darüber lachen konnte. Doch selbst wenn ich lachte, klagte mich mein Gewissen an. Ich war nicht glücklich. Doch statt zum Herrn umzukehren, gab ich Ihnen die Schuld für mein schlechtes Gewissen, weil Sie mich in der Bibel unterwiesen hatten. Ich dachte: Hätte ich nie Ihre Warnungen gehört, dann würde mich mein Gewissen nicht quälen, und ich könnte meinen Spaß haben.

Auf diesem Schiff war ein neuer Seemann. Sein Name war Isaac North. Er machte alles noch schlimmer für mich, weil er mit den Warnungen dort weitermachte, wo Sie aufgehört hatten. Er weigerte sich, bei unseren gottlosen Glücksspielen und Witzen mitzumachen. Wir verspotteten ihn und gaben ihm den Spitznamen ›Prediger North‹, weil er immer in seiner Bibel las. Unser Kapitän pflegte zu sagen, er wünschte, wir wären alle gläubig, wenn das bedeutete, dass wir genauso fleißig und gehorsam an die Arbeit gingen wie Isaac North.

Einmal war Isaac in meiner Kajüte, um mich etwas zu einer Aufgabe zu fragen, die ich gerade erledigt hatte. Da sah er meine Bibel. Er schlug sie auf und las, was Sie vorne hineingeschrieben hatten. Er fragte mich über Sie aus und über das, was Sie mich in der Sonntagsschule gelehrt hatten. Dann entdeckte er die Bücher und Traktate und fragte, ob er sie lesen dürfe. Er nahm immer je eines, und jedes Mal, wenn er es zurückgab, ermahnte er mich, auf das zu achten, was ich gelernt hatte. Einmal sagte er zu mir: ›Jack, wenn ein gläubiger Junge zu einem gottlosen Mann wird, ist er zig tausendmal schuldiger als ein Junge, der nie vom Herrn Jesus gehört hat. Denn wem viel gegeben ist, von dem wird auch viel gefordert werden, und wem viel anvertraut ist, von dem wird man auch umso mehr verlangen‹ (Lukas 12,48).

Ich mochte Isaac, aber das hätte ich niemals und vor niemandem zugegeben. Ich wünschte oft, ich hätte den Mut, so zu sein wie er. Er war immer fröhlich, auch wenn wir ihn oft ärgerten. Ich hörte Isaac zu, wenn wir allein waren; aber wenn ein anderer Seemann in der Nähe war, machte ich mich über seine Warnungen lustig.

Zu meiner Schande muss ich gestehen, dass der Herr stärkere Mittel benutzen musste, um meinen Widerstand zu brechen. Als wir gegen ein feindliches Schiff kämpften, wurde Henry Brown getroffen, der Schlimmste von uns allen. Er wurde schwer an der Schulter verwundet und eines seiner Beine wurde ihm abgerissen. Wir gewannen die Schlacht.

Als sie vorbei war, ging ich zu Henry und erkannte sofort, dass er in Lebensgefahr war. Als er mich sah, sagte er: ›Jack, hör mir zu. Ich bin für immer verloren! Meine Sünden quälen mich mehr als meine Schmerzen. Ich habe keine Zuflucht. Ich habe keine Hoffnung! Ich bin für immer verloren!‹ Ich fühlte mich schrecklich. Ich konnte ihn nicht trösten, weil ich wusste, dass ich nicht besser war als er. Ich rannte hinaus und schnappte mir Isaac North. Henry war mit Isaac aufs Schlimmste umgesprungen, aber Isaac war froh, mit Henry sprechen zu können. Er versuchte, ihm vom Herrn Jesus zu erzählen, der sogar den Räuber am Kreuz gerettet hatte, aber Henry stöhnte nur immerzu: ›Es gibt keine Gnade für mich. Mir bleibt nur die Finsternis!‹

Isaac versuchte, mit ihm zu beten, aber Henry unterbrach ihn. ›Ich habe Gott mein ganzes Leben lang verflucht und gelästert. Er wird mich jetzt nicht erhören. Es ist zu spät. Ich spüre bereits den Zorn Gottes.‹ Bald darauf fiel er ins Koma. Ich saß neben seinem Bett, als er ein paar Stunden später starb. Das hat mich zutiefst erschüttert. ›Es hätte auch mich erwischen können‹, dachte ich. ›Wenn ich statt Henry umgekommen wäre, welch schreckliches Ende hätte ich genommen! Ich wäre jetzt in der Hölle, ohne jede Hoffnung auf Gnade.‹

Als ich zurück in meine Kajüte ging und meine Jacke vom Bett nahm, bemerkte ich, dass sie zwei Schusslöcher hatte. Auch in meinem Hut war ein Schussloch. Das gab mir schwer zu denken. Gott hatte mich verschont, als der Tod mir so nahe gekommen war. Ich begann, über mein sündiges Leben nachzudenken. Ich war immer so widerspenstig gegen den Herrn gewesen, und er hatte all die Jahre so viel Geduld mit mir gehabt! Es kam mir vor, als hätte niemals jemand so viele Sünden begangen wie ich, und ich glaubte, es gäbe auch für mich keine Gnade. Ich nahm nicht mehr am Glücksspiel oder Trinken mit den anderen teil. Das alles kam mir so ekelhaft vor. Isaac bemerkte, dass ich ruhiger war als sonst, und er versuchte, mit mir so oft wie möglich zu reden. Ich sagte ihm genau, wie ich mich fühlte. Ich glaube, der Herr hat mir diese Gespräche zum Segen werden lassen. Der Herr schenkte, dass ich mit all meinen Sünden und aller Schuld zu ihm fliehen und auf sein vollbrachtes Werk am Kreuz vertrauen konnte. Ich erlebte, wie der Herr alle meine Sünden in die Tiefe des Meeres warf. Von da an liebte ich es, die Bibel und die Bücher zu lesen, die Sie mir gegeben hatten. Ich lernte eine Menge daraus.

Etwa einen Monat danach kämpften wir gegen ein weiteres französisches Schiff. Kurz bevor wir es kaperten, fing ich mir diese Narben ein und verlor ein Auge, als mir ins Gesicht geschossen wurde. Man glaubte, ich würde das nicht überleben, aber Gott verschonte mich ein weiteres Mal.

Ich kämpfte in elf Schlachten und erlitt zweimal Schiffbruch, aber es hat Gott gefallen, mich bis heute am Leben zu erhalten.

Vor zwei Jahren kämpften wir vor Trafalgar. Isaac wurde verwundet. Er starb ein paar Tage später, aber er vertraute bis zum Schluss auf seinen Retter.

Vor etwa achtzehn Monaten verlor ich mein Bein durch einen Kanonenschuss. Glücklicherweise waren wir in der Nähe von England, und man konnte mich rechtzeitig ins Krankenhaus bringen. Mein Bein wurde amputiert, aber alles verlief gut, und ich fühle mich so gesund wie nie zuvor.«

Viele Freudentränen flossen an diesem Abend, als Jack seine Geschichte erzählte und demütig anerkannte, welche Güte Gott ihm sein Leben lang erwiesen hatte.

Bevor Jack ging, dankte Max Taylor Gott dafür, dass er ein verirrtes Schaf zur Herde und zu sich, dem guten Hirten, zurückgeführt hatte.

Frage: Wer hat größere Schuld als ein Sünder, der nie von Christus gehört hat? – Lies Haggai 1,12-13. Mit welchen Worten tröstet Gott dort das Volk, nachdem es Buße getan hat?
Schriftlesung: Psalm 107,17-32

Anregungen zum Gebet:
* Bete, dass Gott dich an sein Wort erinnert, wenn du versucht wirst, zu sündigen. Danke ihn für den guten Einfluss der Christen, die du kennst.
* Bete, dass Gott dich lehrt, dass es ohne Jesus Christus keine Hoffnung gibt. Bitte ihn, dich davon zu überzeugen, dass die, die sein Wort hören, darüber Rechenschaft ablegen müssen.

18. Jorgans Waschbär

Jorgan Scheuler wohnte in einer Blockhütte in den Rocky Mountains. Sein Vater und seine Brüder George und Ernest scherten sich nicht um den Glauben. Seit dem Tod seiner Mutter war Jorgan aufgewachsen, ohne je etwas aus der Bibel gehört zu haben. Stattdessen lernte er zu kämpfen, zu trinken und zu fluchen. Er dachte nie darüber nach, was gut ist.

Jorgans Familie war zum Broterwerb auf Jagd und Fischfang angewiesen. Sie jagten Hirsche, wilde Truthähne und Waschbären. An einem Sonntagabend ging Jorgan mit seinen drei Brüdern auf die Jagd. Der Vollmond war aufgegangen, als sie in den Wald kamen. Bald darauf flüsterte George, sein ältester Bruder: »Schaut! Da oben auf dem hohen Baum sitzt ein großer Waschbär!«

»Den kriegen wir nie!«, antwortete Ernest leise. »Der sitzt doch viel zu hoch oben.« Die Jungen hatten kein Gewehr; also musste jemand auf den Baum klettern und den Waschbären herunterschütteln.

»Wartet ab!«, flüsterte Jorgan. »Ich kann fast genauso gut klettern wie ein Waschbär. Ich werde auf den Baum klettern. Einen so dicken Fang können wir uns nicht entgehen lassen!«

Jorgan begann hinaufzuklettern und behielt stets den Ast im Auge, auf dem sich der Waschbär ver-

steckte. Er kletterte immer höher bis zu diesem Ast. Der Waschbär zog sich dabei immer weiter in Richtung Astspitze zurück. Behutsam hangelte sich Jorgan zu dem Ast und schüttelte ihn einmal. Aber der Waschbär hielt sich immer noch fest. Vorsichtig kam Jorgan ihm zentimeterweise näher und schüttelte den Ast dabei immer wieder. Aber das reichte nicht aus, um den Waschbären herunterzubekommen. Mit aller Kraft rüttelte Jorgan noch einmal heftig. In diesem Moment brach der Ast und Jorgan fiel – tiefer, tiefer und immer tiefer!

»Herr, erbarme dich!«, schrie er entsetzt.

Im selben Moment bekamen Jorgans Hände einen Ast zu fassen. Da hing er nun, immer noch hoch im Baum, und kein weiterer Ast war unter ihm. Er kam sich vor, als schwebte er buchstäblich zwischen Himmel und Hölle. »Wenn ich diesen Ast loslasse«, dachte er, »werde ich schnurstracks zur Hölle fahren!« Vergeblich bemühte er sich, auf den Ast zu klettern. Noch einmal rief er: »Herr, hab Erbarmen mit mir!« Da bekam er Kraft, um sich auf den Ast zu ziehen. Danach konnte er langsam den Baum wieder herabklettern. Als er den Erdboden erreichte, war er zu schwach, um stehen zu können. George und Ernest halfen ihrem zitternden Bruder, nach Hause zu gehen, und legten ihn dort ins Bett.

Aber Jorgan konnte in dieser Nacht nicht schlafen. Schreckliche Gedanken gingen ihm durch den Kopf: »Was, wenn der Ast, den ich erwischt habe, gebrochen wäre? Dann würde ich jetzt in der Hölle brennen!« Jorgan wälzte sich die ganze Nacht im Bett hin und her, während sein Kopf voll grausiger Gedanken war.

Am nächsten Morgen ging Jorgan wie gewöhnlich zur Arbeit, aber das Lästern und Fluchen, das er gewohnt war, war ihm vergangen. Welch schwere Last bedrückte ihn! »Was ist los, Jorgan? Du siehst so traurig aus. Bist du krank?«, wurde er gefragt.

Jorgan dachte bei sich: »Ja, ich bin krank. Aber der Grund dafür heißt Sünde.« Er wusste nicht, was er tun sollte. Er hatte noch nie gebetet, bis er gestern hilflos im Baum hing. Er hatte keine Bibel und hatte noch nie eine Predigt gehört. »Ich muss an eine Bibel kommen«, dachte er, »und ich muss einen Prediger finden.«

Jorgan erinnerte sich daran, dass die Bibel seiner Mutter in einem alten Baumstumpf versteckt war. Seine Mutter war gestorben, als Jorgan noch ein Kind gewesen war, und aus Zorn darüber hatte Jorgans Vater ihre Bibel versteckt. Jetzt schlich Jorgan sich in die Hütte und fand sie. Er begann die Bibel in jeder freien Minute zu lesen. Doch je mehr er sie las, desto schwerer wurde seine Last. In allem, was er las, erblickte er nur die Hölle und die verdiente Strafe. Er las, dass die Bösen in der Hölle brennen werden und dass sie niemals Frieden finden. Jorgan wusste, dass er sehr böse war. Ihm kam es vor, als ob all seine Flüche auf ihn zurückfielen. Wie elend wurde ihm! Er seufzte: »Wenn die Bibel nicht meine Sünde wegnehmen kann, was kann ich dann nur tun?«

Jorgan begann, sich regelmäßig in den Wald zurückzuziehen, wo er dann hinter einem Baum auf die Knie fiel. Er versuchte zu beten, aber er wusste nicht, was er sagen sollte. Er wollte nicht mehr mit seinen Brüdern und Freunden zusammen sein. Wenn er sie lästern und fluchen hörte, fühlte er sich schrecklich. Er versuchte dem zu entkommen, indem er auf der gegenüberliegenden Seite des Feldes arbeitete. Wann immer es möglich war, ging Jorgan in den Wald zum Beten. »Jorgan ist noch immer ganz durcheinander im Kopf«, sagten seine Brüder dann. »Das fing an, als er vom Baum fiel.«

Obwohl Jorgan weiterhin versuchte, die Bibel zu lesen und zu beten, ging es ihm noch schlechter. Er las täglich lange, aber eines Tages wurde ihm so elend, dass er dachte, er müsste bestimmt sterben. Dennoch wusste er, dass er weiter die Bibel lesen muss, selbst wenn er dabei nichts als die Hölle vor Augen hatte. An jenem Tag aber, als er gerade zu lesen begonnen hatte, las er plötzlich von Jesus. Er begriff, dass Jesus ihn retten und seine Sünden auslöschen kann. Welche Freude erfüllte sein Herz: Sünder wie er können gerettet werden – und zwar durch Jesus Christus!

Eine ihm bislang unbekannte Liebe zu Jesus erfüllte sein Herz. Auf der Stelle musste er diese wunderbare Nachricht seinen Brüdern überbringen. Er rannte aufs Feld, um es ihnen zu erzählen, aber seine Brüder lachten ihn nur aus. Sie hatten ihre Sünden nie erkannt. Sie merkten nicht, dass sie den Herrn Jesus brauchten. »Jorgan«, antworteten sie, »du bist immer noch wirr im Kopf. Du weißt nicht, was du sagst.«

Mehrere Jahre später arbeitete Jorgan als Hufschmied in einer nahegelegenen Stadt, als er Pastor Morris vorbeireiten sah. Aufgeregt stieg Jorgan auf sein Pferd und ritt dem Prediger hinterher. »Herr Pastor! Bitte halten Sie an! Ich muss mit Ihnen sprechen!«

Pastor Morris stoppte und wartete darauf, dass Jorgan zu ihm aufschloss. Ohne sich vorzustellen, sprudelte Jorgan los: »Oh Herr Pastor! Seit Jahren sehne ich mich danach, mit einem Prediger des Wortes Gottes zu sprechen. Ich möchte so gerne erzählen, was an meiner Seele geschehen ist. Kommen Sie zu meiner Hütte, damit ich Ihnen alles berichten kann!«

Als Pastor Morris den dichten Wald sah, zögerte er. Doch als er erkannte, wie ernst es Jorgan war, folgte er ihm. Bald erreichten sie die Hütte aus rohen Baumstämmen, die Jorgans Heim war. Tränen der Dankbarkeit liefen über Jorgans Gesicht, als er erzählte, welche Nöte und Kämpfe er zunächst durchlitten, dann aber schließlich Jesus in der Bibel gefunden hatte. Er sagte ihm auch, wie sehr er sich gefreut hatte, als er begriff, dass Jesus vor Gott für seine Sünden einsteht.

Pastor Morris war von Jorgans Bekehrung beeindruckt. Er erkannte, dass der Geist Gottes Jorgans einziger Lehrer gewesen war und durch die Bibel an seinem Herzen gewirkt hatte. Kein Prediger war für seine Bekehrung nötig gewesen. Er erkannte, dass alle erweckten Sünder dasselbe erfahren: Elend, Erlösung und Dankbarkeit. Jorgan hatte seine Sündenlast gespürt; er hatte sich der Bibel zugewandt, um Rettung und Erlösung zu finden, und war voll Dankbarkeit zu Gott umgekehrt. Vor allem aber zeigt Jorgans Bekehrung, wie gnädig sich der große Hirte, Jesus Christus, um seine Schafe kümmert.

Frage: Wer war Jorgans einziger Lehrer? Was erfahren wir in Nahum 1,7 über Gott?
Schriftlesung: Psalm 51
Anregungen zum Gebet:
* Danke Gott dafür, dass er Vollmacht über die Sünde hat. Bitte ihn, dich aus Versuchung zu retten und dich davor zu bewahren, Fehler zu wiederholen.
* Bitte Gott, deine Sünden zu vergeben. Bitte ihn zu bewirken, dass es dir leid tut, wenn du ihm ungehorsam gewesen bist.

19. Gericht und Warnung

Vor etwa dreihundert Jahren, als ein warmer Sommerabend sich dem Ende neigte, fuhr eine Kutsche in Schottland eine steile Straße hinauf. In der Pferdekutsche saßen zwei Reisende: ein junger Mann und ein anderer mittleren Alters, der an seiner Kleidung als Pastor zu erkennen war.

Etwas voraus lag die Stadt Dunblane, in der der Pastor am nächsten Tag predigen wollte. Der junge Mann hörte aufmerksam zu, als der Prediger ihm auf dem Weg von Gottes Handeln mit seinem Volk erzählte.

Die Erzählung wurde abrupt durch einen lauten Schrei unterbrochen, der die Abendstille durchdrang.

»Still, Henry!«, sagte der Pastor. »Was war das für ein Geräusch? Lass die Pferde halten. Ich werde hingehen und nachsehen, was los ist.« Der Pastor stieg vom Wagen und sah sich um. Sie hatten gerade eine Kreuzung erreicht. Ein kurzes Stück die Seitenstraße hinab sah der Pastor einen sehr aufgeregten Mann auf etwas zeigen, das aussah wie ein Mensch, der auf der Erde lag.

»Halt! Halt!«, schrie der Mann händeringend. »Um Gottes willen, helfen Sie mir!«

Der Pastor handelte sofort. »Warte hier, bis ich zurückkomme, Henry. Ich werde nachschauen, was da nicht stimmt.« Er rannte zu dem Mann hinüber, ohne eine Antwort von Henry abzuwarten.

Der Mann begann sofort, dem Pastor für sein Entgegenkommen zu danken. Er war groß und kräftig. An seinen abgetragenen, mit Schlamm bespritzten Schuhen und seinem stabilen Wanderstab war zu erkennen, dass er schon eine beträchtliche Strecke gegangen war. »Danke, Sir, oh vielen Dank, dass Sie mit einem armen Menschen in Not Erbarmen haben! Es ist sehr freundlich von Ihnen, dass Sie helfen.«

Der Pastor aber verlor keine Zeit damit, Dankesreden zu lauschen. Er wandte seine Aufmerksamkeit dem Mann auf dem Boden zu. Das leichenblasse Gesicht war dreckverschmiert, und der notleidende Mann schien sich vor Schmerzen zu winden.

»Was ist los?«, fragte der Pastor besorgt.

»Mein Herr, ich stehe Todesängste durch!«, antwortete der Mann, der ihn herbeigerufen hatte. »Mein Freund hier brach plötzlich zusammen. Ich fürchte, er stirbt!«

Bei diesen Worten rang der Mann am Boden schnappend nach Luft, als ob er völlig entkräftet sei.

»Tragen wir ihn zur Kutsche«, riet der Pastor und beugte sich über den Unglücklichen. Doch als er das tat, packte der Mann, der um Hilfe gerufen hatte, den überraschten Pastor. Der Sterbende wurde plötzlich sehr lebendig und zog eine Pistole, die er unter sich versteckt hatte, hervor. Der Mann, der vorher dem Pastor so überschwänglich gedankt hatte, lachte ihn jetzt höhnisch aus: »Los, her mit dem Geldbeutel, und zwar schnell!«

»Ja, beeil dich!«, fügte sein Freund hinzu. »Es ist Zeit für meine Beerdigung, und ich brauche Geld für einen Sarg.« Er lachte höhnisch über seine bösen Worte und drückte dem Pastor die Pistole in den Rücken.

Einen Moment lang stand dem Pastor der Schreck ins Gesicht geschrieben, aber da er erkannte, dass Widerstand zwecklos war, ließ er die Ganoven seine Taschen durchsuchen. Dabei bat er Gott die ganze Zeit still um Bewahrung. Dann sagte er ruhig zu den Räubern: »Meine Freunde, auf geraubtem Geld lastet ein Fluch. Ihr freut euch zur ungelegenen Zeit, denn so etwas wird ein böses Ende nehmen. Ich warne euch: Ändert euer Leben, ehe es zu spät ist!«

Bei einem der Männer schien diese ernste Ermahnung irgendwie das Gewissen zu berühren; seinen Gefährten aber, der den Sterbenden gespielt hatte, kümmerte sie überhaupt nicht. »Hör auf zu predigen, Schlaumeier. Wir wollen deinen Mammon und nicht deinen Sermon. Nun hau ab und wage ja nicht, irgendjemandem auch nur ein Sterbenswörtchen hiervon zu erzählen. Sonst sorgen wir dafür, dass du nie wieder predigen wirst!«

Der nun mittellose Prediger schritt zur wartenden Kutsche zurück.

»Ich habe alles gesehen«, flüsterte Henry, »aber ich dachte, ich würde alles nur noch schlimmer machen, wenn ich versucht hätte, Ihnen zu helfen.«

»Ich bin froh, dass du das nicht versucht hast, Henry. Diese Männer hätten uns dann wahrscheinlich beide erschossen. Aber was für ein schändliches Schauspiel haben die beiden da aufgeführt: einen Sterbenden mimen, um ihr Ziel zu erreichen! Es schmerzt mich zu sehen, wie sie ihren gottlosen Zielen nachjagen. Oft gehen sie genau daran zugrunde. Ich glaube, diese Räuber sind verhärteter als die meisten Menschen, die ich kenne.«

Inzwischen hatten sie fast den Gipfel des Hügels erreicht und konnten im Tal den Kirchturm von Dunblane im purpurnen Glühen der untergehenden Sonne schimmern sehen. Genau in diesem Moment aber hörten sie wieder denselben Schrei, der ihre Reise schon zuvor unterbrochen hatte. Bald schloss eben jener Mann von vorher im Laufschritt zur Kutsche auf.

»Oh, bitte Sir, halten Sie!«, rief er. »Bitte glauben Sie mir!«, fuhr er mit einem Tonfall fort, der sein Entsetzen widerspiegelte. »Diesmal ist es wahr: Mein Freund ist wirklich tot! Bitte halten Sie und helfen Sie mir!«

»Ha! Du willst ja bloß auch noch mich berauben!«, spottete Henry. »Sei zufrieden mit dem, was du schon hast. Wir sind fast in Dunblane und werden dort gleich der Polizei Bescheid sagen.«

»Oh nein, Sir! Ich meine es ernst! Wirklich! Ich würde doch nicht riskieren, dass man mich schnappt, wenn es nicht wirklich wahr wäre!« Der Mann war offenkundig derart entsetzt, dass die Reisenden dachten, er müsse schon ein hervorragender Schauspieler sein, wenn die Furcht, die er zeigte, nicht echt war. Nachdem sie einen Moment gezögert hatten, hielten sie die Kutsche an.

»Was ist dieses Mal los?«, fragte der Pastor streng.

»Oh bitte, Sir, kommen Sie zurück! Der Mann, den Sie am Boden sahen, ist diesmal wirklich tot. Er starb gleich nachdem Sie fortgegangen waren. Oh bitte, kommen Sie mit mir zurück!« Er sah ängstlich von einem Reisenden zum andern, während er sich den Schweiß abwischte, der ihm von der Stirn lief.

»Henry, vielleicht denkst du, dass man mich leicht täuschen kann. Aber ich bin ziemlich sicher, dass er dieses Mal die Wahrheit sagt. Ich möchte gerne sehen, welches Ende dieses seltsame Abenteuer genommen hat. Wenn du lieber hier bleiben möchtest, werde ich allein hingehen.«

»Nein, ich werde mit Ihnen mitgehen, was auch geschieht!«, erklärte Henry entschieden.

So kehrten sie zum Ort des Raubüberfalls zurück. Dort stellten sie rasch fest, dass der Mann nicht gelogen hatte. Der Räuber, der den Sterbenden gespielt hatte, lag tot auf der Straße, und sein Gesicht war deutlich vom allergrößten Entsetzen gekennzeichnet. Der Pastor kniete nieder, um zu sehen, ob er den Mann vielleicht noch wiederbeleben konnte. Aber als er erkannte, dass er wirklich tot war, wurde er von Ehrfurcht erfüllt. Er wusste nicht, woran genau der Mann gestorben war, aber zweifellos konnte er hier nichts mehr tun. Dieser Mensch war in die Ewigkeit abberufen worden – fast genau im selben Moment, in dem er sein letztes Verbrechen begangen hatte.

»Das ist eine erschreckende Warnung, mein Freund«, sagte der Pastor zu dem überlebenden Räuber. Dieser bedachte nicht, dass die beiden Reisenden ihn leicht hätten festnehmen können. Von der schockierenden Erfahrung war er offensichtlich verwirrt und übermannt. »Dies ist die bittere Frucht deines Lebenswandels!«

Der Räuber senkte den Kopf, als der Pastor ihn fest ansah. »Nehmen Sie Ihr Geld zurück, Sir«, stammelte er und hielt ihm die geraubte Geldbörse hin. »Und glauben Sie mir: So lange ich lebe, werde ich nie wieder auch nur einen einzigen Penny stehlen!«

»Vertrau nicht auf deine eigene Entscheidungskraft«, entgegnete der Pastor. »Du musst den Herrn, der dir so klar seine Macht erwiesen hat, bitten, dass er dich befähigt, von jetzt an ein ehrbares Leben zu führen.« Dann fügte er hinzu: »Hier ist ein wenig für den Anfang«, und drückte dem Mann etwas Geld in die Hände, die immer noch zitterten. »Ich hoffe, du wirst bald eine gute Arbeit finden.«

»Danke, mein Herr! Sie sind sehr freundlich zu mir«, sagte er leise, und dieses Mal war sein Dank ernst gemeint.

Frage: Warum sollen wir nicht auf unsere eigene Entscheidungskraft vertrauen? Worum bittet der

Prophet Habakuk den HERRN in Habakuk 3,2 am Ende des Verses?

Schriftlesung: Psalm 34,11-22

Anregungen zum Gebet:

✸ Danke Gott dafür, dass es den Himmel wirklich gibt und dass sein Volk eines Tages dort bei ihm sein wird.

❖ Bete, dass Gott dich lehrt, wie ernst es ist, in Ewigkeit von ihm verstoßen zu sein. Bitte ihn zu bewirken, dass dir deine Sünden leidtun und nicht bloß ihre Folgen.

20. Mary, ich liebe dich immer noch!

Endlich durfte Mary von ihrem Zuhause auf dem Land in die große Stadt in der Nähe ziehen. Ihr Vater war tot und ihre Mutter hatte sie zuerst nicht gehen lassen wollen. »Wie kann ich dich unter Fremden an einem Ort leben lassen, an dem es so viele Versuchungen gibt, und an dem niemand dir bei Problemen helfen kann?«, fragte sie Mary.

Die arme Witwe stimmte jedoch am Ende zu und Mary verließ das Haus ihrer Kindheit. In der ersten Zeit war der wöchentliche Briefaustausch zwischen den beiden herzlich und liebevoll. Die liebende Mutter erwartete sehnsüchtig jeden Brief. Sie schätzte jedes Wort, das Mary ihr schrieb, auch die Details über Kleidung und Freunde, denn sie war zutiefst besorgt um ihre Tochter.

Im Laufe der Zeit merkte sie aber, dass Marys Briefe sich änderten. Mary bat nicht mehr um Rat und teilte auch nicht mehr viel über sich mit. Allmählich wurden die Briefe kürzer und weniger liebevoll; irgendwann kamen schließlich gar keine mehr.

Der armen Witwe sank der Mut, und in ihrer Not warf sie ihre Last auf den, der ihre Last getragen hatte: auf den Herrn Jesus Christus. Tag für Tag betete sie, dass er ihre Tochter leiten und behüten möge.

Dann kamen der Mutter traurige Nachrichten aus der Stadt zu Ohren – Nachrichten, die ihr fast das Herz brachen. Sie hörte, dass die Tochter ihre liebevollen Worte der Ermahnung und des Rates in den Wind geschlagen, den Gott ihrer Mutter vergessen hatte und selbst so tief gesunken war, dass sie ein Leben in Sünde und Schande führte. Als die Mutter das hörte, entschloss sie sich, ihr verlorenes Kind zu suchen. Sie machte sich sofort auf den Weg in die Stadt. Als sie dort ankam, versuchte sie herauszufinden, wo ihre Tochter wohnte. Das war nicht einfach, denn sie war von der Adresse weggezogen, an die ihre Mutter ihr geschrieben hatte. Tag und Nacht suchte die arme, untröstliche Mutter ihr verirrtes Kind an jedem nur erdenklichen Ort.

Nachdem sie viele Tage lang erfolglos gesucht hatte, beschloss sie heimzukehren. Aber da kam ihr plötzlich eine neue Idee. Sie ging zum Fotografen und ließ ein Bild von sich machen. Davon ließ sie eine Anzahl Abzüge anfertigen, ging dann an verschiedene Orte des Lasters und bat um Erlaubnis, das Bild dort an die Wand zu hängen. Das war in der Tat eine seltsame Bitte, aber weil jeder sehen konnte, was für ein Mensch sie war, wies niemand sie ab.

Einige Zeit später ging die Tochter mit ihrem Freund an einen dieser Orte. Plötzlich wurde sie auf das Bild an der Wand aufmerksam. »Die Frau sieht ja aus wie meine Mutter!«, sagte sie. Sie ging hin, um sich das Bild näher anzusehen, und rief erstaunt aus:

»Das *ist* meine Mutter!« Dann bemerkte sie, dass darunter etwas geschrieben stand. Sie erkannte die vertraute Handschrift sofort. Doch auf das, was dort zu lesen war, war sie nicht gefasst: »Mary, ich liebe dich immer noch!«

Das war zu viel für sie. Sie hatte mit nichts anderem als Schelte und harten Worten gerechnet; aber der Gedanke daran, dass ihre Mutter um ihretwillen tatsächlich diese Orte des Lasters und der Torheit aufgesucht hatte und bereit war, sie so, wie sie war, wieder daheim aufzunehmen, das konnte sie nicht verstehen. Als sie über die Worte nachdachte: »Mary, ich liebe dich immer noch!«, standen ihr die Tage ihrer Kindheit wieder vor Augen und alle Erinnerungen an ihr frommes Elternhaus: die Gebete, die Tränen und der liebevolle Rat ihrer Mutter. Als sie darüber nachdachte, wer sie damals gewesen war, und wer sie im Unterschied dazu jetzt geworden war, brach sie zusammen. Die Tränen flossen, als ihr das Herz brach. Ihr ging deutlich auf, wie schlimm und böse ihr Lebenswandel war, und auf der Stelle entschloss sie sich, ihre sündigen Freunde zu verlassen und zu ihrer Mutter zurückzukehren. Wie groß war die Freude ihrer verwitweten Mutter, als die lange verlorene Tochter wieder heimkam!

Frage: Diese Geschichte ist ein Beispiel dafür, dass Gott es ernst mit seiner Einladung an Sünder meint, Buße zu tun und zu ihm umzukehren. Kannst du erkennen, wie diese Begebenheit der

Geschichte vom verlorenen Sohn gleicht? Lies Hosea 14. Was verspricht Gott zu heilen, wenn das Volk Buße tut und zu ihm umkehrt (Vers 5)?

Schriftlesung: Lukas 15,11-32

Anregungen zum Gebet:

- ✶ Danke Gott dafür, dass er dir vergeben hat, so dass du befreit bist, ihn zu lieben. Bitte ihn, dir zu helfen, ihn noch mehr zu lieben.
- ❖ Danke Gott für seine Treue und Liebe. Danke ihm dafür, dass er sich dir weiterhin in seinem Wort zeigt. Wende dich ihm zu und bitte ihn um Vergebung deiner Sünden. Bitte ihn, dir echte Liebe zu ihm ins Herz zu geben.

21. Mary und ihr Vater

Etwa fünf Kilometer vor einem schönen Dorf lag eine kleine Farm, auf der damals ein Mann namens John Linn wohnte. Er war ein böser Mann. Er trank, fluchte und war gemein. Einige seiner Kinder wurden genau wie er, als sie erwachsen waren. Sie zogen fort und begannen nach ihrem eigenen Willen zu leben. Nur die jüngste Tochter war noch zu Hause: Mary.

Mit ihrem Vater auf der Farm zu leben, war alles andere als schön. Sie hatte keine Mutter mehr, und ihr Vater beachtete sie entweder nicht oder er verlangte von ihr, hart zu arbeiten.

Einer netten Dame im Dorf tat Mary so leid, dass sie ihren Vater überredete, das Mädchen zu Hause ausziehen zu lassen, damit es bei ihr wohne. Diese Mrs. Kent kümmerte sich gut um Mary. Sie schickte sie zur Schule, und am Sonntag nahm sie sie zur Sonntagsschule und zum Gottesdienst mit. Nach kurzer Zeit lernte Mary den Herrn Jesus kennen und lieben und wurde eine demütige, fröhliche Christin.

Bald nach Marys Bekehrung besuchte ein Pastor das Dorf und sprach so ernstlich zu Sündern und bat sie so eindringlich und freundlich, zum Heiland zu kommen, dass Mary sich ständig sagte: »Ach, wenn doch nur mein armer Vater diesen Mann hören könnte!«

Je mehr sie daran dachte, desto mehr war sie überzeugt, dass ihr Vater, wenn er doch nur dazu gebracht werden könnte, das Evangelium zu hören, sich bestimmt bekehren würde und nicht länger ein böser, trunksüchtiger und gottloser Mann wäre, sondern ein sanftmütiges und demütiges Gotteskind.

Mary fand keine Ruhe und wollte unbedingt ihren Vater treffen. Ihr Herz war ständig davon erfüllt, zu Gott zu beten und ihn anzuflehen, dass ihr Vater sich bekehren möge.

Spät am folgenden Tag machte Mary sich auf, um ihren Vater zu besuchen. Es war bitterkalt und der Schnee lag hoch auf dem gefrorenen Boden. Sie musste fünf lange Kilometer gehen, um die Farm zu erreichen, aber Marys Liebe zu ihrem Vater wärmte ihr das Herz, während sie sich den Weg durch den Schnee bahnte. Dabei betete sie zu Gott, dass er ihren Besuch segnen möge.

Damit hatte Mary sich keine leichte Aufgabe vorgenommen. Tatsächlich fürchtete sie sich vor ihrem Vater. Nie war sie zu ihm gerannt, um ihn zu umarmen, oder auf seinen Schoß geklettert, um bei ihm zu sitzen. Sie hatte ihn noch nie zuvor lächeln sehen. Mary wusste, dass ihr Vater schon seit Jahren nicht mehr in der Kirche gewesen war und dass nur Gottes Gnade ihn bereit machen konnte, dorthin zu gehen.

Als Mary schließlich frierend und müde auf der Farm ankam, fand sie ihren Vater in der Scheune. Bevor sie vielleicht noch den Mut dazu verlor, kam sie gleich auf den Grund ihres Besuchs zu sprechen: »Vater, ich bin gekommen, um dich zu fragen, ob du heute Abend mit mir zur Kirche gehen möchtest. Es ist ein Reiseprediger bei uns zu Gast, der die ganze Woche lang predigt, und es würde mich so freuen, wenn du mitkommen würdest, um ihn zu hören. Möchtest du mit mir kommen?«

John Linn sah Mary an, als ob sie verrückt geworden wäre: »Ich? Du fragst mich, ob ich zur Kirche gehe? Ich kann mich nicht daran erinnern, wann ich das letzte Mal dort war. Nein. Ich werde nicht hingehen. Lass mich in Ruhe, Kind.«

Aber Mary wollte nicht aufgeben. Sie bettelte ihn an, mit ihr zur Kirche zu gehen: »Oh Vater, wenn du nur mitkommen würdest, würde Gott dich vielleicht retten, und du wärst ein glücklicher Mensch!«

Das machte John wütender als zuvor, und mit einem Fluch auf den Lippen stieß er seine zierliche Tochter von sich. Mary wandte sich traurig um und machte sich auf den Rückweg ins Dorf. Aber bald hielt sie an. »Ich darf nicht so einfach aufgeben«, sagte sie zu sich. »Ich muss zurückgehen und nochmal mit ihm reden.«

Marys Bitten hatten John mehr berührt, als sie ahnte. Nicht nur hatte ihre offenkundige Liebe ihn berührt, vielmehr war er wirklich unglücklich und sehnte sich danach, Glück zu finden. Als Mary zur seiner großen Überraschung die Scheune noch einmal betrat, begann sie erneut, ihn anzuflehen. Er schien sie zu ignorieren, aber sein Herz wurde durch die Kraft des Heiligen Geistes erweicht.

Nach einer Weile legte John seine Schaufel nieder und nahm Marys Hand. »In Ordnung, Mary. Ich werde mit dir zur Kirche gehen.« Seine Stimme klang barsch, aber Mary kümmerte das nicht. Er kam mit!

John und Mary gingen ins Haus, und nach einem kurzen Abendessen liefen sie zum Dorf. Still nahmen sie in der kleinen Kirche Platz. Es schien, als würde Gott an diesem Abend den Prediger eine Botschaft für John Linn persönlich verkünden lassen, und John hörte zu, als wäre er der einzige Anwesende. Danach sprach John mit dem Geistlichen und bat ihn schluchzend, für ihn zu beten, dass seine arme Seele nicht ewig verloren gehe.

Der Pastor blieb bis zum späten Abend bei John. Nun war für John wie einst für Paulus die wichtigste Frage: »Was soll ich tun, Herr?« (Apostelgeschichte 22,10). Als der Pastor fortging, war aus John ein demütiger Mann geworden, dessen einzige Hoffnung die Gerechtigkeit des Herrn Jesus Christus war.

Viele Jahre wirkte John Linn besonders daran mit, Trinker zur Bekehrung zu führen, und überall, wo er hinkam, sprach er vom Herrn Jesus Christus, der auch den schlimmsten aller Sünder retten kann.

Frage: Was ist die einzige Hoffnung für uns Sünder?
Schriftlesung: Apostelgeschichte 5,20-21; 18,9; 22,14-15;
    Matthäus 10,32

Anregungen zum Gebet:
* Bitte Gott, dir zu zeigen, was du nach seinem Willen tun sollst. Bitte ihn, dein Herz bereit zu machen, ihm gerne gehorsam zu sein.
* Bitte Gott, dein Herz bereit zu machen, um auf seine Worte der Gnade und Liebe in Christus Jesus zu hören.

22. Der französische Soldat

Henri Durant arbeitete für die Französische Bibelgesellschaft. Er verkaufte Bibeln, wo er nur konnte. In einem Armeestützpunkt in der Nähe der Bibelgesellschaft war ein Regiment französischer Soldaten stationiert. Henri war sehr um das Seelenheil dieser vielen Soldaten besorgt, die kurz davor standen, in die Schlacht zu ziehen.

Eines Tages besuchte Henri den Stützpunkt und bat, den Befehlshaber Oberst Thomas sprechen zu dürfen. »Mein Herr«, sagte Henri, nachdem er ins Büro des Obersten vorgelassen wurde, »ich weiß, dass die Gefahr besteht, dass unsere Soldaten bald in den Kampf geschickt werden. Könnte ich die Erlaubnis bekommen, sie zu besuchen? Ich möchte ihnen ein paar ermutigende Worte und die Bibeln, die ich verkaufe, mit auf den Weg geben.«

»Das dürfen Sie allerdings!«, antwortete der Offizier. »Ich erwarte, dass wir sehr bald den Befehl erhalten, in die Schlacht zu ziehen. Es wäre gut, wenn die Soldaten eine Bibel hätten, die sie mitnehmen können.«

Mit dieser Erlaubnis begann Henri, so viel wie möglich zu den Soldaten zu reden. Als er vor einer Gruppe darüber sprach, dass sie gerettet werden müssen, bot er jedem von ihnen auch eine Bibel zum Kauf an. Ein kräftiger junger Mann, der aufmerksam zugehört hatte, trat vor und sagte: »Ich glaube wirklich, dass Sie die Wahrheit sagen. Ich würde mir sehr gerne eine Bibel kaufen, aber ich habe nicht mehr als nur einen Centime.«

Henri war vom Interesse des jungen Mannes tief berührt. »Nun, mein Herr«, antwortete er, »wenn es Ihnen ernst ist, dann sollen Sie gewiss eine Bibel haben! Ich werde sie aus eigener Tasche bezahlen.« Henri gab dem Soldaten auf der Stelle eine Bibel und war überrascht, als der Soldat ihn auslachte.

»Ha, es hat geklappt! Ich wusste doch, dass ich Sie zum Narren halten kann!«, lachte der Soldat. »Und das war sogar kinderleicht!«

Henri brauchte einen Moment, um den Schrecken zu verdauen. Er hatte geglaubt, der Soldat hätte es ernst gemeint. Nun sah er ein, dass er sich geirrt hatte. Daraufhin sagte er entschieden: »Dann geben Sie mir bitte das Buch zurück!«

»Niemals!«, spöttelte der Soldat. »Sie haben es mir gegeben, und ich werde es behalten. Ich kann die Seiten sehr gut als Zigarettenpapier gebrauchen!«

Als der Soldat sich mit einem weiteren spöttischen Lachen abwandte, rief Henri hinter ihm her: »Geben Sie Acht, was Sie mit Gottes Wort tun! ›Es ist schrecklich, in die Hände des lebendigen Gottes zu fallen‹ (Hebräer 10,31)!«

Henri verließ die Gruppe von Spöttern. Er war traurig und entmutigt. Als er in sein Zimmer zurückkam, fiel er auf die Knie und betete ernstlich: »Oh Herr, bitte vergib dem spottenden Soldaten und benutze die gestohlene Bibel zu seiner Bekehrung!«

Nur ein paar Tage später lief das Schiff der Soldaten aus und brachte die Soldaten zu einer Schlacht, die sehr heftig werden sollte. Doch Ben, der spöttische Soldat, sorgte sich nicht darum und riss Seite für Seite aus seiner Bibel. Die anderen Soldaten lachten jedes Mal, wenn sie daran dachten, wie schlau er den Missionar zum Narren gehalten hatte. Nach einigen Tagen auf See erfuhr Ben, dass sie am nächsten Tag in die Schlacht eingreifen würden. Ihr Schiff würde an der gefährlichsten Position stehen. Diese Nachricht ließ ihn vor Furcht erschaudern. Er begann erstmals, sich ernsthaft Gedanken zu machen. Plötzlich schossen ihm die Worte des Missionars durch den Kopf: »Es ist schrecklich, in die Hände des lebendigen Gottes zu fallen!« (Hebräer 10,31).

Ben konnte in jener Nacht nicht schlafen. Er wälzte sich hin und her. Eine schreckliche Angst erfüllte ihn. Er konnte nur noch an die nahende Gefahr und an den gerechten Zorn Gottes denken. »Was, wenn mir morgen etwas zustößt und ich in Gottes Hände falle?« Ihn schauderte es. Sein gottloses Leben stand ihm vor Augen. Wenn er doch nur noch einmal von vorn anfangen könnte!

Beim ersten Tageslicht zog Ben die Bibel aus seiner Kiste. Er traute sich fast nicht, sie zu lesen. Er erwartete, auf jeder Seite verdammt zu werden. Doch die

Furcht trieb ihn dazu, die zerfetzte Bibel zu öffnen. Die Worte, auf die sein Auge fiel, überraschten ihn gewaltig: »Denn Gott hat seinen Sohn nicht in die Welt gesandt, damit er die Welt richte, sondern damit die Welt durch ihn gerettet werde« (Johannes 3,17). Dadurch ermutigt blätterte er weiter, um mehr zu lesen. »Wer den Sohn hat, der hat das Leben« (1. Johannes 5,12). Nachdenklich las er außerdem: »Kommt her zu mir, alle ihr Mühseligen und Beladenen! Und ich werde euch Ruhe geben« (Matthäus 11,28). Diese Worte beeindruckten ihn tief. Doch noch während er über das Gelesene nachdachte, ertönte der Befehlsruf.

Ben trat zusammen mit den anderen Soldaten, die an Bord gewesen waren, in die Schlacht. Der Kampf tobte schwer und viele verloren ihr Leben. Plötzlich schlug eine Gewehrkugel Ben in die Brust. Er war schwer verwundet. Sobald sie wieder Land erreichten, brachte man ihn ins Krankenhaus. Viele Wochen war Ben sehr krank. Doch während das Fieber wütete, wirkte der Geist Gottes an seinem Herzen. Je mehr Ben erkannte, wie sündig er war, desto mehr erkannte er, dass er den Heiland brauchte. Nur das Blut Jesu konnte seine Sünde abwaschen.

Als Ben nach Hause geschickt wurde, war er immer noch sehr krank. Jedem war klar, dass man ihn zum Sterben heimgesandt hatte. Aber es war auch deutlich, dass Ben ein veränderter Mensch war. Er las ständig in seiner zerfledderten Bibel. Immerzu flehte er seine Mutter und seine Freunde an, auf Gottes Stimme in seinem Wort zu hören. Er versuchte ihnen zu sagen, wie schrecklich es wäre, wenn sie in die Hände des lebendigen Gottes fielen. Nach sechs Wochen starb Ben, aber nicht ohne Glaube und Hoffnung. Ihm war die Gnade geschenkt worden, auf den Herrn und Heiland Jesus Christus zu vertrauen.

Der Missionar Henri hatte den leichtsinnigen Soldaten nicht vergessen. Oft hatte er für ihn gebetet und den Herrn angefleht, ihm gnädig zu sein. Eines Tages kam er wieder in die Stadt, in der er die Soldaten getroffen hatte. Er sah, dass dort eine Beerdigung stattfand. An jenem Abend aß Henri in einem Restaurant. Er merkte, dass etwas anders war als sonst. Gewöhnlich waren die Kellnerinnen sehr gesprächig und lächelten, wenn sie servierten. Aber jetzt verrichteten sie ihre Arbeit sehr traurig und still. Henri bemerkte, dass die Eigentümerin sich am Tresen über ihre Arbeit beugte. Er ging zu ihr hinüber und begrüßte sie: »Guten Abend, Madame Pierre.« Als die Frau aufblickte, sah er, dass ihr die Tränen das Gesicht herabflossen. »Was ist geschehen, dass Sie so traurig sind?«, fragte Henri.

»Ach, mein Herr!«, schluchzte sie. »Mein geliebter Sohn wurde heute beerdigt. Er war Soldat und wurde vor ein paar Monaten in die Schlacht geschickt. Er wurde schwer verwundet und dann zum Sterben nach Hause gebracht.«

»Das tut mir sehr leid zu hören. Mein aufrichtiges Beileid!«, sagte Henri. »Ich kann Sie leider nicht trösten; aber ich habe ein Buch, das die einzige Quelle wahren Trostes ist.« Henri öffnete seine Bibel und sagte: »Hören Sie, was es zu sagen hat!« Dann begann er, ihr aus einem Kapitel voller Trostworte vorzulesen.

Während Henri damit fortfuhr, bemerkte er nicht den bestürzten Ausdruck, den Madame Pierres Gesicht angenommen hatte, als sie seine Bibel erblickte. Nach ein paar Augenblicken unterbrach sie ihn beim Vorlesen: »Warten Sie!«, rief sie. »Ich muss Ihnen etwas zeigen!« Sie eilte aus dem Raum und kam bald darauf mit Bens ramponierter Bibel zurück. »Sehen Sie!«, sagte sie. »Die gab mir mein Sohn, bevor er starb. Es war sein wertvollster Besitz. Dieses Buch sieht genau so aus wie Ihres!«

Henri nahm das Buch und fragte sich, warum es so übel zerrupft war. Als er den Buchdeckel öffnete, sah er, dass der Soldat dort etwas hineingeschrieben hatte: »Empfangen von einem Missionar am 25. Juni. Zuerst als Zigarettenpapier missbraucht, dann aber gelesen, geglaubt, und vom Herrn benutzt, um meine Seele zu retten. Benjamin Pierre.«

Sofort erinnerte Henri sich daran, wie er damals mit den spöttischen Soldaten gesprochen hatte. Besonders erinnerte er sich an den Soldaten, der ihn ausgetrickst hatte und für den er beständig im Gebet eingetreten war. Diese Spottworte hatten ihm immer in den Ohren geklungen. Als Henri jetzt hörte, was ihm Madame Pierre erzählte, staunte er. Von Herzen freute er sich und gab dem Herrn, der seine Gebete gehört und erhört hatte, Lob und Dank.

Henri dachte daran, wie er den Soldaten gewarnt hatte. Er erinnerte sich, wie entmutigt er seitdem oft gewesen war. Es war ihm so vorgekommen, als ob all seine Arbeit umsonst gewesen wäre. Jetzt erkannte er, dass der Heilige Geist diese letzte Warnung benutzt hatte, damit jener junge Soldat sich bekehre. Mit dankbarem Herzen und neuem Mut führte Henri seine Missionsarbeit fort.

Frage: Was empfing Ben, bevor er starb? Wie ermutigt uns diese Geschichte, im Werk des Herrn auszuharren, auch wenn andere uns verspotten?

Schriftlesung: Jesaja 55

Anregungen zum Gebet:

✴ Bete für die, die Gottes Wort predigen. Bete für bestimmte Leute, die du kennst und die ihn ablehnen.

❖ Bitte Gott, dir zu helfen, dass du auf sein Wort hörst und ihm gehorchst, wenn es dir Menschen sagen, die ihn lieben und ihm vertrauen.

23. Der Herr bewahrt die Seinen

Henri und Gérard waren die besten Freunde. Viele Jahre lang taten sie alles gemeinsam. Aber vieles, von dem, was sie taten, war nicht gut. Weder Henri noch Gérard hatten je gehört, dass sie einen Retter brauchten. Sie gingen sonntags nie zur Kirche. Ihre Eltern hatten ihnen nie etwas über den Herrn Jesus Christus gesagt. Sie hatten die Jungen nie gelehrt, die Gläubigen zu respektieren und zu ehren. Vielmehr hassten Henri und Gérard die Christen. Sie suchten ständig nach Möglichkeiten, ihnen Ärger zu machen.

Der alte Monsieur Talbo wohnte im selben Dorf wie sie. Er war ein gottesfürchtiger Mann und besuchte immer treu die Gemeinde. Monsieur Talbo lebte allein, obwohl er schon alt war. Henri hasste Monsieur Talbo sehr. Immer, wenn er am Haus des alten Mannes vorbeikam, versuchte er sich etwas Neues auszudenken, womit er ihm schaden könnte.

Eines Abends näherte Henri sich dem Haus von Monsieur Talbo. Er sah ihn drinnen am Fenster sitzen und die Bibel lesen. Henri konnte es nicht ertragen zu sehen, wie das Gesicht des alten Mannes seine Ehrerbietung gegenüber dem Wort Gottes widerspiegelte. Hass kochte in ihm hoch, und er entschloss sich, dem Frieden des alten Mannes ein Ende zu bereiten.

Henri wartete, bis es dunkel wurde. Dann kroch er zu der Tür, in deren Nähe Monsieur Talbo saß. Sachte öffnete er sie und kroch leise hinein. Er hoffte, er könne den alten Mann angreifen, ohne gesehen zu werden. Monsieur Talbo sah jemanden kommen, doch ehe er begriff, was geschah, stürzte sich der Eindringling auf ihn. Plötzlich spürte er, wie ihm der Schmerz durch Kopf und Rücken schoss, weil diese Person ihn schlug.

Monsieur Talbo erkannte den Angreifer und rief: »Henri, hör auf! Henri! Warum schlägst du mich?«

Henri erschrak darüber, dass der alte Mann ihn beim Namen nannte. Aber was Monsieur Talbo dann sagte, drang ihm wie ein Pfeil ins Herz: »Du kannst mich töten, wenn du willst, Henri. Aber Gott wird dich dafür ins Gericht bringen!«

Der Herr benutzte diese Worte, um Henri zu zeigen, wie sündig er war. Er erkannte, was er gerade Schreckliches getan hatte. Er erkannte, was für ein gottloses Leben er bisher geführt hatte. Henri wurde von Furcht erfüllt. Wie konnte Gott einen so schrecklichen Sünder auch nur eine Minute länger am Leben lassen? Er erwartete, auf der Stelle sterben und vor dem Richterstuhl Gottes erscheinen zu müssen. Mit einem tief empfundenen Schrei rannte Henri aus Monsieur Talbos Haus. Als er draußen war, schrie er: »Oh Herr, hab Erbarmen mit mir!« Henri erlebte etwas Ähnliches wie das, was mit Paulus (als Saulus) einst in der Bibel geschehen war: Der Herr trat ihm entgegen, als er im Begriff war, eine große Bosheit zu tun.

Diese Erfahrung hatte zur Folge, dass Henri sich bekehrte. Seine Freunde mochten ihn nun nicht mehr leiden. »Hey, Henri!«, spotteten sie, »was ist los mit dir? Bist du dir jetzt zu fein für uns?« Henri versuchte ihnen zu sagen, dass auch sie sich bekehren müssten.

Bald stand Henri ganz allein da. Aber nach einigen Monaten kam Gérard ihn wieder besuchen. Die beiden Freunde dachten jetzt sehr unterschiedlich, aber sie unternahmen wieder lange Bergtouren zusammen. Henri versuchte Gérard zu sagen, dass er ohne den Herrn verloren sei und wie wunderbar Gott zu seinen Leuten sei. Aber Gérard war nicht interessiert an dem, was Henri zu sagen hatte.

Eines Tages brachen Henri und Gérard zu einer Wanderung auf, die länger sein sollte als üblich. Henri erzählte Gérard von der Fürsorge Gottes, das heißt, wie Gott sich um all das kümmert, was er geschaffen hat. »Gérard«, erklärte Henri, »die Bibel sagt uns, dass der Herr sogar für die Spatzen sorgt. Nicht einer von ihnen kann zur Erde fallen, solange Gott es nicht will. Ja, die Bibel sagt sogar, dass Gott genau weiß, wie viele Haare du auf dem Kopf hast!« (Das steht in Matthäus 10,29-30).

»Das glaube ich dir nicht«, entgegnete Gérard. »Ich glaube nicht einmal, dass die Bibel Gottes Wort ist. Du willst mir das nur einreden, um dich dafür zu rechtfertigen, dass du seit Kurzem ganz anders bist.«

»Aber es ist wahr! Es ist auch wahr, dass du ein neues Herz brauchst. Du musst gerettet werden, ehe du stirbst, oder die Ewigkeit wird schrecklich für dich sein!« Henri versuchte seinem Freund zu helfen, dies zu verstehen, aber Gérard wollte nicht auf ihn hören.

»Lass uns jetzt über etwas anderes reden, Henri. Ich bin es leid, deine Geschichten zu hören.«

Gerade als Gérard das gesagt hatte, hörten die Jungen von hoch oben am Berg ein schreckliches Geräusch. Beide blickten auf und wurden sofort mit Grauen erfüllt: Eine riesige Lawine stürzte den Berg herab genau auf sie zu! Sie riss alles mit, was ihr im Weg stand. Riesige Bäume wurden umgeknickt und wilde Tiere rannten panisch fort. Doch keines von ihnen konnte schnell genug entkommen. Die Schneewalze verschlang alles, was ihr im Weg war.

Verzweifelt blickte Henri sich um. Sie hatten weder genügend Zeit noch ein Ziel, zu dem sie sich hätten retten können. Er griff Gérards Arm und zog ihn hinter den nächstbesten Baum. »Henri, dieser Baum kann uns nicht retten!«, schrie Gérard. »Sieh nur, wie diese großen Bäume zermalmt werden!«

»Aber Gott kann uns retten! Bete, Gérard! Bete!«

In diesem Moment erreichte die Lawine sie mit aller Macht. Doch da geschah etwas Wunderbares: ihr Baum teilte die gewaltige Lawine entzwei! Die Jungen beobachteten erstaunt, wie die Schneewalze zu beiden Seiten an ihnen vorbeiraste. Bald darauf herrschte Totenstille. Sie sahen den Pfad der Verwüstung an, den die Lawine hinterlassen hatte.

Beide Jungen fielen auf die Knie. Henri betete laut: »Oh Herr! Wir danken dir, dass du uns das Leben gerettet hast. Wir danken dir, dass du dich in deiner großen Fürsorge um uns gekümmert hast!«

Als sich die beiden Jungen auf den Heimweg machten, war Gérard sehr still. Schließlich sagte er: »Ich glaube jetzt, was du mir gesagt hast, Henri. Nur Gott konnte uns heute retten. Jetzt erkenne ich, dass es Gott gibt. Ich habe schwer gegen ihn gesündigt.«

Der Herr benutzte diese wunderbare Bewahrung, um Gérard von seinen Sünden zu retten. Jetzt konnte er verstehen, was sich bei Henri verändert hatte. Der Herr wirkte weiterhin in Gérards Leben und berief ihn später in den Predigerdienst. Viele Jahre lang verkündigte Gérard das Wort Gottes in vielen Städten in den Bergen seines Heimatlandes.

Frage: Was bedeutet »Fürsorge Gottes«?
Schriftlesung: Psalm 121
Anregungen zum Gebet:
- ✶ Danke Gott dafür, dass er in so vielem und auf so vielfältige Weise für dich sorgt.
- ❖ Tu Buße dafür, dass du an so vielen Tagen ohne Gott gelebt hast und ohne an ihn zu denken.

24. Der alte Oberst

An einem kalten Winterabend verirrte sich ein großer, zerlumpter Mann zur *Water Street Chapel* im Herzen von New York City, weil er einen Platz suchte, an dem er sich aufwärmen konnte. Dieser Mann war als »der alte Oberst« bekannt.

Er war über sechzig Jahre alt, sah aber noch älter aus. Er hatte einen langen, dreckigen, grauen Bart. Sein graues Haar war verfilzt und hing lang den ganzen Rücken herab. Seine Augen waren gerötet, sein Gesicht zerfurcht und verdreckt. Den zerlumpten Mantel hielt ein Nagel zusammen, seine Hosen waren voller Löcher. Statt Schuhen trug er an den Füßen Lumpen, die mit Bindfäden zusammengeschnürt waren.

Sünde und Whiskey hatten den alten Oberst in diesen erbärmlichen Zustand gebracht. Man hätte es nie für möglich gehalten, dass er eine Oberschule abgeschlossen und Jura studiert hatte, und zwar in der Kanzlei von Edwin M. Stanton, dem späteren berühmten Kriegsminister unter Präsident Lincoln.

Als der alte Oberst sah, dass in der kleinen Kapelle noch Licht brannte, trat er hinein, um sich für ein paar Minuten aufzuwärmen. Ein Gastprediger sprach an jenem Abend, und die Wahrheit des Wortes Gottes traf den alten Oberst. Sein ganzes sündiges Leben trat ihm vor Augen. Mitten im Gottesdienst rief er aus: »Oh Gott, wenn es nicht zu spät ist, dann vergib diesem alten Sünder!«

Seitdem war der alte Oberst jedes Mal dort, wenn die Kirche geöffnet war. Keiner hörte aufmerksamer zu, wenn das Wort Gottes verkündigt wurde, als er. Von jenem Augenblick an war er ein neuer Mensch, äußerlich wie innerlich. Seitdem der Herr sich ihm durch sein Wort als vollkommener Retter verlorener Sünder offenbart hatte, gab es keinen anderen in der Kirche, der froher und dankbarer gewesen wäre als der alte Oberst. Er erzählte jedem seiner alten Freunde aus dem Elendsviertel und allen seinen neuen Freunden aus der Gemeinde, dass Jesus gekommen ist, um Sünder zu retten, von denen er der größte gewesen sei.

Oft blickte er erstaunt auf den Abend zurück, an dem er in die kleine Kapelle in der Water Street geführt wurde. Er bezeugte oft, dass Gottes Gnade, die einen solchen alten, in Sünde abgeglittenen und festgefahrenen Sünder wie ihn rettete, zu groß war, als dass er sie verstehen könnte. Doch er wusste, dass das wahrhaftig geschehen war.

Frage: Wen hat Gott in Markus 5,1-20 innerlich und äußerlich verwandelt?
Schriftlesung: 2. Chronik 33,1-20
Anregungen zum Gebet:
* ✶ Danke Gott dafür, dass niemand zu alt oder zu jung ist, als dass er ihn nicht retten könnte.

- ❖ Bitte Gott, dich deiner Sünde zu überführen. Bitte ihn, dich in Zukunft davor zu bewahren, in Sünde und Versuchung zu fallen.

25. Der Sohn der Witwe

Eine gottesfürchtige Witwe hatte nur einen einzigen Sohn. Sie hatte ihn in der Bibel unterwiesen und mit ihm gebetet, seit er ein Kind war. Doch als der Junge älter wurde, machte er ihr viel Kummer, weil er ungehorsam wurde. Er lachte über ihre Ermahnungen und Tränen. Dennoch betete sie beständig weiter für ihn.

Als er älter wurde, wurde es immer schlimmer mit ihm. Schließlich kam er vor Gericht und wurde verurteilt. Wie es damals üblich war, wurde er ausgepeitscht, mit einem rot glühenden Eisen gebrandmarkt und ins Gefängnis geworfen. Trotzdem betete seine Mutter immerfort für ihn. Später wurde er freigelassen und heuerte auf einem Schiff an, auf dem niemand ihn kannte. Er führte auf See ein sehr übles Leben. Eines Tages zerschmetterte ein schrecklicher Sturm das Schiff an einer Felsküste. Die gesamte Besatzung außer ihm kam um. Am ganzen Leib mit Wunden übersät strandete er auf einer Insel.

Ein paar Eingeborene fanden ihn und sperrten ihn in eine Hütte. Bei diesen Eingeborenen war es üblich, jedes Jahr den schönsten Menschen auf der Insel auszuwählen, um ihn ihrem Meeresgötzen zu opfern. Sie dachten, dieser »weiße Mann« sei das beste Opfer, das sie je darbringen konnten. Der junge

Mann war sich sicher, einen schrecklichen Tod erleiden zu müssen.

Doch plötzlich überkam die Eingeborenen große Furcht, als sie die Narben auf seiner Brust und auf seinem Rücken entdeckten: Sie konnten kein verunstaltetes Opfer darbringen! Sie mussten den jungen Mann freilassen. Er baute sich eine Hütte in einem Kokospalmenhain, und schließlich gelang es ihm, einem vorbeifahrenden Schiff ein Signal zu geben, das ihn dann in sein Heimatland mitnahm. Der Kapitän wies ihm einen Platz tief unten im Schiff zu und vergaß ihn.

Als er an diesem einsamen Ort von allen verlassen war, begann er durch Gottes Gnade, gründlich über sein Leben nachzudenken. Er erinnerte sich daran, in welch großen Gefahren Gott ihn bewahrt hatte. Er erinnerte sich auch an die Ermahnungen, Tränen und Gebete seiner Mutter. Jetzt gefiel es Gott, ihre Gebete zu erhören, und der junge Mann bekehrte sich folgendermaßen: Ein alter Seemann gab ihm eine Bibel, und wie ein Verhungernder und Verdurstender las er ein Kapitel nach dem anderen. Der Heilige Geist wirkte durch das, was er las, segensreich an seinem Herzen. Aus seiner tiefen Not heraus schrie er: »Sei mir gnädig, o Gott, sei mir gnädig, ich bin ein großer Sünder! Ach, erhöre mein Gebet!« Er fand Frieden im Herrn Jesus und seinem Blut, das er am Kreuz als Sühnopfer vergossen hatte. Er fragte sich, ob denn wohl seine Mutter noch lebte. Wenn sie doch nur wissen könnte, dass ihre Gebete jetzt erhört worden waren!

Frage: Wenn jemand sich wirklich bekehrt hat, wie wird sich dann sein neuer Lebenswandel vom früheren unterscheiden? Worüber freute sich der Apostel in 3. Johannes 4?
Schriftlesung: Galater 5,19-26
Anregungen zum Gebet:
* Bitte Gott, dich davor zu bewahren, seinen Namen zu missbrauchen. Lobe ihn dafür, wie wunderbar und liebevoll er ist.
* Bitte Gott, dein Herz zu verwandeln und dich davor zu bewahren, die Wahrheit zu vergessen, die du kennen gelernt hast.

26. Tom zahlt den Preis

Pastor MacNail lebte in Schottland in der Nähe von Fort George. Dort waren viele britische Soldaten stationiert. Dieses Fort lag am Ufer des Firth of Moray (ein Firth ist eine Förde, eine weit ins Land reichende Bucht). Man musste die Fähre nehmen, um zur Stadt am gegenüberliegenden Ufer des Firth zu gelangen. Nahe bei Fort George gab es einen kleinen Markt mit mehreren kleinen Geschäften.

Als Pastor MacNail eines Tages auf die Fähre wartete, ging ein Soldat vorüber und blieb vor einem Fleischerladen in der Nähe stehen. Er beobachtete, wie der Soldat hin und her ging, um die Preise zu vergleichen. Zuletzt nahm der Soldat eine große Wurst, gab sie dem Fleischer und fragte: »Was kostet diese Wurst?«

»Zwei Dollar fünfzig pro Pfund«, antwortete der Fleischer und legte sie auf die Waage. »Sie wiegt zwei Pfund, das wären also fünf Dollar.«

»Was?!« schrie der Soldat, »Einen so hohen Preis werde ich nie bezahlen!« Seinem Wutausbruch ließ er noch einen schrecklichen Fluch folgen, in dem er Gott anrief, er solle seine Seele verdammen, falls er dem Fleischer fünf Dollar für die Wurst zahlen würde.

»Nun, Sir«, antwortete der Fleischer seelenruhig, »das ist der Preis. Wollen Sie die Wurst oder nicht?«

Der Soldat versuchte noch eine Zeit lang zu feilschen, willigte aber zuletzt ein, den verlangten Preis zu zahlen und kaufte die Wurst.

Als Pastor MacNail die grauenhaften Worte des Soldaten hörte, hatte er stumm vor Entsetzen dagestanden. Er beobachtete, wie dieser die Straße hinab seines Weges ging. Da beschloss Pastor MacNail, dass dies eine gute Gelegenheit sei, ihn anzusprechen.

Wie beiläufig schloss er zu dem Soldaten auf, hielt mit ihm Schritt und bemerkte: »Was für ein wunderschöner Tag heute!«

»Ja, ganz sicher«, antwortete der Soldat.

»Sind sie hier in Fort George stationiert?«

»Ja, und was für ein öder Ort das ist! Das einzige, was wir tun, ist Drill. Nichts als Drill, Drill, Drill.«

»Ihrem Akzent nach zu urteilen sind Sie aus England. Wie heißen Sie?«

»Mein Name ist Tom Dunstad«, entgegnete der Soldat vorsichtig.

»Sieht nach einer guten Wurst aus, die Sie da haben«, fuhr Pastor MacNail fort.

»Und sie war auch sehr günstig!«, rühmte sich Tom.

»Was haben Sie dafür bezahlt?«

»Hey, bloß fünf Dollar, und sehen Sie nur, wie groß sie ist! Ganze zwei Pfund!«

Pastor MacNail war für einen Moment still. Dann sah er den jungen Soldaten ernst an und sprach: »Mein Freund, Sie haben einen weit höheren Preis als das bezahlt.«

Tom sah ihn erstaunt an: »Keineswegs!«, rief er aus, »Ich habe fünf Dollar dafür bezahlt und keinen Penny mehr. Ich habe sie beim Fleischer da drüben gekauft. Wenn Sie mir nicht glauben, dann fragen Sie ihn doch.«

»Ich weiß, dass Sie das meinen«, fuhr Pastor MacNail fort, »aber Sie haben außerdem nicht weniger als Ihre Seele für diese Wurst bezahlt. Ich habe gehört, wie Sie in Ihrem Fluch Gott angerufen haben, er solle Ihre Seele verdammen, wenn Sie fünf Dollar für diese Wurst bezahlen. Nun aber haben Sie tatsächlich genau fünf Dollar dafür bezahlt. Und was soll jetzt aus Ihnen werden?«

Gerade als er das sagte, sah Pastor MacNail seine Fähre anlegen; darum sagte er dem Soldaten rasch Lebewohl und eilte an Bord.

Tom stand sprachlos da, während er Pastor MacNail davoneilen sah. Dann ging er ins Fort zurück. Er warf seine Mütze auf eine Bank und setzte sich neben ihr hin. Die Worte des Fremden hatten gesessen. Mit hängendem Kopf saß er da und hatte ständig die Worte im Ohr: »Sie haben nicht weniger als Ihre Seele für diese Wurst bezahlt. Und was soll jetzt aus Ihnen werden?«

Tom versuchte, die Worte des Fremden abzutun, aber sie hallten wie ein Todesurteil in seinen Ohren wider. Nie zuvor hatte er darüber nachgedacht, welch ernste Folgen Worte haben könnten, die er bis dahin bloß für knallhart gehalten hatte. Zum ersten Mal erkannte Tom, dass er tatsächlich in Ewigkeit verloren war. Ihm erschien es so, als stünde er direkt vor Gottes Richterstuhl. Ständig ging ihm das durch den Kopf: »Was soll aus Ihnen werden?« Sein Herz füllte sich mit Entsetzen und er lief unruhig hin und her. Endlich rannte er aus dem Fort hinaus und kam völlig außer Atem am Fährhafen an. Er sah einen Hafenarbeiter und rief ihm zu: »Wo ist der Mann in Schwarz, der eben noch hier war? Wo ist er hin?«

»Ach, Sie meinen den Pastor? Er hat gerade vor einer halben Stunde mit der Fähre übergesetzt.«

Verzweiflung kam wie eine ansteigende Flut über Tom. Als er aber aufschaute, sah er, wie die nächste Fähre gerade einlief. So schnell wie möglich ging er an Bord und wartete ungeduldig darauf, das gegenüberliegende Ufer zu erreichen. Sobald das geschehen war, fragte er verschiedene Hafenarbeiter, ob sie wussten, wo der Pastor wohnte.

Als man ihm den Weg erklärte, stellte sich heraus, dass er mehrere Stunden lang ein Moor durchqueren musste, eine Einöde, die ein menschenleerer Landstrich war. Gegen Abend kam Tom in einem kleinen Dorf an und fand bald den Weg zu Pastor MacNails Haus. Auf sein Klopfen hin öffnete ihm Pastor MacNail sofort persönlich die Tür. Tom wurde freundlich empfangen und erzählte ihm bald darauf, wie seine Worte ihn mit Furcht erfüllt hatten. »Bitte sagen Sie mir, was ich tun soll!«, rief er unter Tränen aus. »Wir werden wohl bald in die Schlacht ziehen, und ich sehe die Ewigkeit vor mir! Ach, ich werde verloren sein – verloren, verloren!«

Pastor MacNail freute sich innerlich zu hören, welche Unruhe im Herzen des jungen Mannes vor ihm aufgekommen war. Bis spät in die Nacht unterwies er Tom im Weg des Heils. Tom blieb noch zwei weitere Tage, und der Herr segnete seine Seele durch diese Unterweisung.

Tom kehrte als neuer Mensch nach Fort George zurück. Er ging wieder zum Fleischer und bat ihn um Vergebung dafür, wie schrecklich er zu ihm gesprochen hatte. Tom ermahnte auch seine Kameraden, nicht länger unbekümmert um ihre Seele zu sein. Im Laufe der Zeit erkannte er immer mehr, welche Gnade Gott ihm erwiesen hatte, ihm durch die Worte eines Fremden Einhalt zu gebieten. Tom begann, den Gottesdienst in der Militärkapelle zu besuchen, wo er wertvolle Unterweisung empfing. Der Herr verdeutlichte ihm immer mehr, wie groß seine Gnade auch für schlimme Sünder wie ihn ist. Tom lernte viele der geistlichen Lieder, die in den Gottesdiensten gesungen wurden. Man konnte ihn oft ein Lied singen hören, das zu seinem Lieblingslied wurde:

He took me out of the pit
And from the miry clay;
He set my feet on the Rock
Establishing my way;
He put a song in my mouth

My God to glorify:
And He'll take me some day
To my home on high.

Er zog mich aus der Grube
voll Schlamm, Morast und Dreck;
er stellte meinen Fuß auf Fels
und bahnte mir den Weg.
Mein Gott gab mir ein neues Lied,
damit mein Mund ihn rühm',
und eines Tages führt er mich
zur ew'gen Heimat hin.

Frage: Warum ist deine Seele kostbar?
Schriftlesung: Psalm 40
Anregungen zum Gebet:

- ✳ Danke dem Herrn für das Heil und die Freude daran, die er dir ins Herz gegeben hast. Bitte ihn, einen Wächter vor deine Lippen zu stellen.
- ❖ Bitte den Herrn, dich aus den Fallstricken der Sünde zu retten und dir sein Heil zu verleihen. Bitte ihn, dir ein Herz zu geben, das offen für sein Wort ist.

Bibelstellenverzeichnis

Kapitel 1
Apostelgeschichte 8,26-40

Kapitel 2
1. Korinther 9,16-23

Kapitel 3
Matthäus 5,38-48

Kapitel 4
Apostelgeschichte 14,1-18

Kapitel 5
1. Könige 18,20-40
Habakuk 2,18-20
1. Korinther 8,4-6

Kapitel 6
Johannes 14,1-3
Kolosser 3,23-24
Offenbarung 21,1-6

Kapitel 7
Lukas 2,10-11
1. Korinther 2,6-16

Kapitel 8
2. Samuel 9
Matthäus 7,12

Kapitel 9
Psalm 34,17; Psalm 34

Kapitel 10
Psalm 91; Psalm 91,3+4
2. Timotheus 4,18
2. Petrus 2,9

Kapitel 11
Johannes 14,6
Apostelgeschichte 10,6

Kapitel 12
Sprüche 23,32
Prediger 11,1
Sacharja 3,2

Kapitel 13
Lukas 23,39-43

Kapitel 14
Matthäus 4,18-22
Markus 1,16-18

Kapitel 15
Markus 5,1-20
1. Korinther 15,56-57
1. Timotheus 1,15

Kapitel 16
Psalm 107,30
Matthäus 6,33
Apostelgeschichte 26,12-32
2. Korinther 5,17
1. Timotheus 1,13
1. Petrus 2,9

Kapitel 17
Psalm 107,17-32
Jesaja 57,20-21
Haggai 1,12-13
Lukas 12,48

Kapitel 18
Psalm 51
Nahum 1,7

Kapitel 19
Psalm 34,11-22
Habakuk 3,2

Kapitel 20
Hosea 14
Lukas 15,11-32

Kapitel 21
Matthäus 10,32
Apostelgeschichte 5,20-21;
9,6; 18,9; 22,14-15

Kapitel 22
Jesaja 55
Matthäus 11,28
Johannes 3,17
Hebräer 10,31
1. Johannes 5,12

Kapitel 23
Psalm 121
Matthäus 10,29-30

Kapitel 24
Markus 5,1-20
2. Chronik 33,1-20

Kapitel 25
Galater 5,19-26
3. Johannes 4

Kapitel 26
Psalm 40

Antworten

Kapitel 1
Dass er ein Sünder war und dass Christus der einzige Retter für Sünder ist.

Kapitel 2
Sprecht darüber miteinander!

Kapitel 3
Ihr Verhalten – d. h., dass sie nicht die Beherrschung verlor.

Kapitel 4
Essen und Liebe. / Die Bibel zu lesen. / Sie betete für die Leute in ihrem Dorf, dass sie vom Aberglauben befreit werden und erkennen mögen, dass sie Christus brauchen.

Kapitel 5
Einen. / Götzen sind Lügengebilde. Sie können nicht reden. In ihnen ist kein Leben.

Kapitel 6
Im Himmel bei Christus. /
Der Lohn des ewigen Lebens.

Kapitel 7
Sie ist tot.

Kapitel 8
Beide waren verlorene Sünder. /
Beide liebten den Herrn Jesus Christus.

Kapitel 9
Sie beteten zu Gott, und er rettete sie vor den Piraten.

Kapitel 10
Gott fügte es, dass er verschlief, so dass er den Scheich, der ihn ermorden wollte, nicht besuchen konnte. Sein Entkommen führte dazu, dass der Scheich sich bekehrte.

Kapitel 11
Jesus Christus. / Der Heilige Geist.

Kapitel 12
Als Schlange oder Otter (andere Bibelübersetzungen: Viper). / Gott erhörte die Gebete seiner Mutter »nach langer Zeit« (andere Bibelübersetzungen: »nach vielen Tagen«).

Kapitel 13
Um Erbarmen. / Er suchte Arbeit, heiratete eine gläubige Frau, diente dem Herrn und sagte seinen Freunden das Evangelium.

Kapitel 14
Sprecht darüber miteinander! / Sie belehren uns über Gott, Sünde und Erlösung; sie versuchen, Sünder mit dem »Netz« des Evangeliums von Gottes Heilswerk in Jesus Christus zu »fangen«.

Kapitel 15
Von ihrem sündigen Herz.

Kapitel 16
Sie lästerten Gott und verfolgten Christen.

Kapitel 17
Wer von Christus gehört hat und trotzdem nicht glaubt. / »Ich bin mit euch!«

Kapitel 18
Der Geist Gottes. / »Gut ist der HERR. Er ist ein Zufluchtsort am Tag der Bedrängnis; und er kennt die, die sich bei ihm bergen.«

Kapitel 19
Sprecht darüber miteinander! (Wir haben eine sündige Natur; wir sind schwach.) / Habakuk bittet Gott, trotz seines Zorns barmherzig zu sein.

Kapitel 20
Sprecht miteinander über den Rückfall in die Sünde. / »Ich will ihre Abtrünnigkeit heilen« (Hosea 14,5).

Kapitel 21
Die Gerechtigkeit des Herrn Jesus Christus.

Kapitel 22
Die Gnade, an den Herrn Jesus Christus zu glauben. / Gott kann unsere Worte benutzen, um jemanden zu retten, lange nachdem wir gesprochen haben.

Kapitel 23
Dass Gott für alles sorgt.

Kapitel 24
Den Besessenen.

Kapitel 25
Sprecht darüber miteinander! / Er möchte Gott gehorchen; sein höchstes Lebensziel ist, Gott zu verherrlichen. / »Ich habe keine größere Freude als die, zu hören, dass meine Kinder in der Wahrheit wandeln.«

Kapitel 26
Sie ist dir von Gott gegeben; sie ist ewig; deine Seele wird die Ewigkeit an einem von zwei Orten verbringen: im Himmel oder in der Hölle. Himmel bedeutet ewiges Leben; Hölle bedeutet ewiges Verderben.

Über die Verfasser

Dr. Joel R. Beeke ist Präsident des *Puritan Reformed Theological Seminary* und dort Professor für Systematische Theologie und Homiletik, außerdem ist er Pastor der *Heritage Netherlands Reformed Congregation* in Grand Rapids, Michigan, Herausgeber von *Banner of Sovereign Grace Truth*, leitender Redakteur bei *Reformation Heritage Books*, Präsident von *Inheritance Publishers* und Vizepräsident der *Dutch Reformed Translation Society*. Er hat etwa 50 Bücher verfasst bzw. herausgegeben, einschließlich zahlreicher Kinderbücher, und rund 1.500 Artikel in Büchern, Zeitschriften und Lexika veröffentlicht, die der reformierten Theologie verpflichtet sind. Er hat am *Westminster Theological Seminary* über die Theologie der Reformations- und Nachreformationszeit promoviert. Häufig hält er Gastvorlesungen an theologischen Seminaren und Vorträge auf reformierten Konferenzen rund um die Welt. Er und seine Frau Mary haben drei Kinder.

Diana Kleyn ist Mitglied der *Heritage Netherlands Reformed Congregation* in Grand Rapids, Michigan. Sie ist mit Chris verheiratet und Mutter von drei Kindern. Ihr besonderes Anliegen ist, Kindern zu helfen, die Lehren des Wortes Gottes zu verstehen und anzunehmen. Sie ist Autorin eines Kinderbuchs, das

Geschichten über Bekehrungen und Frömmigkeit enthält (*Taking Root and Bearing Fruit*). Zusammen mit Joel Beeke hat sie das Buch *Reformation Heroes* verfasst (»Helden der Reformation«), das die Lebensgeschichte von rund vierzig Persönlichkeiten der Reformation für Kinder ab zehn Jahren erzählt. Sie schreibt auch monatlich im Kinderteil des Magazins *The Banner of Sovereign Grace Truth*.

Danksagung

Dank sei zuallererst Gott dafür gebracht, dass er uns bei der Erstellung dieser Buchserie geholfen hat. Ohne ihn können wir nichts tun. Danken möchten wir ebenfalls James W. Beeke, der manches hilfreiche Material geliefert hat; Jenny Luteyn, die viele der Geschichten beigesteuert hat; Jeff Anderson für seine Zeichnungen sowie Catherine MacKenzie für ihre tüchtige und unschätzbare Redaktionsarbeit. Schließlich möchten wir auch unseren treuen Ehepartnern Mary Beeke und Chris Kleyn für ihre Liebe, Unterstützung und Ermutigung danken, die sie uns erwiesen, als wir über mehrere Jahre an diesen Büchern arbeiteten. Unser ernstes Gebet ist, dass der HERR durch diese Geschichten viele segnen möge.

Joel R. Beeke und Diana Kleyn
Grand Rapids, Michigan, USA